Siegfried Modenbach
Liebe hat viele Gesichter

W0070250

Siegfried Modenbach

3x7 Zusagen des Glaubens

Liebe hat
viele Gesichter

BONIFATIUS

Bibliografische Information der Deutschen Nationalbibliothek
Die deutsche Nationalbibliothek verzeichnet diese Publikation in der
deutschen Nationalbibliografie; detaillierte bibliografische Daten sind im
Internet über http://dnb.ddb.de abrufbar.

Grafik und Gestaltung: Karin Cordes, Dipl.-Designerin, Paderborn

Titelfoto: © Fotolia/itakdalee

Druck und Bindung: Pustet, Regensburg / printed in Germany

© 2018 by Bonifatius GmbH Druck · Buch · Verlag Paderborn

ISBN 978-3-89710-799-1

www.bonifatius-verlag.de

Was es ist 7

Vorwort 8

Erfahrungen und Veränderungen 11

Lebenswirklichkeit: Beziehung und Identität 12

(Neue) Fragestellungen in der Sexualmoral 18

Sexualität und ihre Sinnvielfalt 24

Der biblische Befund 29

Homosexuelle Praxis im Ersten Testament 30

Zu einigen Texten des Zweiten Testamentes 35

Was sagt die Bibel zur homosexuellen Liebe? 39

Missbrauch und sexuelle Gewalt 45

Sprachlosigkeit contra Dialogbereitschaft 46

Sich der Verantwortung stellen 51

Zwischen Schuld und Neubeginn 56

Menschen begleiten 61

Sexualität und Personalität 62

Die Glaubwürdigkeit steht auf dem Spiel 67

Es geht nicht nur um Sex 72

Formen gelebter Partnerschaft 77

Paar-Bildung und Paar-Bindung 78

Eheähnliche Partnerschaften und Ehesakrament 83

Homosexuelle Partnerschaften 88

Mit kirchlichem Segen?   **93**

    Die „Ehe für alle"   94

    Wie reagieren wir als Kirche?   99

    Wenn zwei Frauen (oder Männer) um
    den Segen bitten   104

Priester und Sexualität   **109**

    Priesterausbildung: worauf es ankommt   110

    Ehelosigkeit und Homosexualität   115

    Wovor haben wir Angst? – Ein Ausblick   120

Epilog – Gesichter der Liebe   **125**

Anhang   **129**

Was es ist

Es ist Unsinn
sagt die Vernunft
            Es ist was es ist
            sagt die Liebe
Es ist Unglück
sagt die Berechnung
Es ist nichts als Schmerz
sagt die Angst
Es ist aussichtslos
sagt die Einsicht
            Es ist was es ist
            sagt die Liebe
Es ist lächerlich
sagt der Stolz
Es ist leichtsinnig
sagt die Vorsicht
Es ist unmöglich
sagt die Erfahrung
            Es ist was es ist
            sagt die Liebe

Erich Fried

aus: Erich Fried, Es ist was es ist © 1983 Berlin Verlag Klaus Wagenbach

Vorwort

Vielleicht fragen sich manche, die dieses Buch in Händen halten: Warum äußert sich ausgerechnet ein ehe- und partnerlos lebender Ordensmann zu den Themen Liebe, Sexualität und Homosexualität? Die Antworten darauf finden sich hoffentlich auf den nächsten Seiten. Es sind natürlich auch meine Themen. Vielleicht erstaunt das ja manche – aber ich bin als Pallottiner, als Ordensmann ja nicht vom Himmel gefallen, sondern ich bin selbst ein Jugendlicher gewesen mit allen Auseinandersetzungen, mit den entsprechenden Fragen und dem Suchen nach Antworten für sich selbst, die in der eigenen Pubertät und im Erwachsenwerden einfach dazugehören, gerade da, wo es um die Sexualität und die Identität geht.

Darüber hinaus bin ich seit mehr als 25 Jahren als Seelsorger und Priester mit diesen Themen unterwegs, zunächst als Jugendseelsorger, später als Ausbilder für die jungen Mitbrüder in der ordenseigenen Ausbildungskommunität. Im Jahr 1992 habe ich meine Tätigkeit in einem Jugendbildungshaus der Pallottiner, einer apostolischen Gemeinschaft, die in Deutschland in vielfältigsten seelsorglichen Bereichen, u. a. in der Jugend- und Erwachsenenbildung tätig ist, aufgenommen. Und von Anfang an war ich in der Arbeitsgemeinschaft Jugendpastoral der Orden (im folgenden AGJPO) engagiert. Die AGJPO ist wiederum ihrerseits ein Gremium der Deutschen Ordensobernkonferenz (DOK), dem Dachverband aller Ordensleute in Deutschland.

In der AGJPO waren und sind bis heute Jugendseelsorgerinnen und -seelsorger engagiert, die sich vor allem wichtigen Fragestellungen in der Jugendseelsorge widmen. Die AGJPO möchte vor allem die Entwicklung der Jugendpastoral in den Orden, in der Kirche und in der Gesellschaft verfolgen und ein Forum zur Reflexion von Fachfragen, für Kontakte und Informationen der Orden untereinander und zu Trägern der Jugendhilfe und Jugendpastoral in Kirche und Staat sowie zu anderen jugendrelevanten Institutionen sein. Darüber hinaus will sie gemeinsame Vorgehensweisen anregen oder koordinieren und gemeinsame Interessen vertreten. So begann für mich die Auseinandersetzung mit diesem Thema im Jahr 1994 während der Jahrestagung der Ordensleute, die damals in der Jugendarbeit tätig waren ...

Erfahrungen und

Veränderungen

Lebenswirklichkeit: Beziehung und Identität

Ich erinnere mich sehr gut an eine Szene: eine Ordensfrau, die zwischen zwei Stühlen saß. Die Stühle waren beschriftet. Auf dem einen stand „Kirchliche Verlautbarungen" und auf dem anderen „Jugendliche". Und dann setzte sich die Ordensfrau auf den Rand des Stuhles und umarmte den „Jugendlichen". Bereits im dritten Jahr hatte sich die Jahrestagung der Ordensleute in der Jugendpastoral mit der Frage nach der Option für die Jugend beschäftigt. Und jetzt wollten die Ordensleute nicht nur für, sondern mit den Jugendlichen arbeiten und für sie Partei ergreifen, für sie auch Sprachrohr sein.

Deshalb formulierte der Vorstand der AGJPO im Juli des Jahres 1994 einen offenen Brief an die deutschen Bischöfe, in dem sie deutlich machten, dass vor allem der Bereich der Sexualität als einer der zentralen und kritischsten Punkte im Umgang zwischen Jugendlichen und Kirche wahrgenommen wurde. In einer Erklärung sprachen die Ordensleute von einer großen Distanz zwischen offizieller kirchlicher Sexualmoral und dem, was junge Menschen im Lebensbereich der Sexualität für richtig und wertvoll hielten und auch faktisch lebten. Beispielhaft wurden die Bereiche Empfängnisverhütung,

nichteheliche Lebensgemeinschaften und Homosexualität benannt.

Der Offene Brief und die Erklärung der AGJPO „Option für die Jugend am Beispiel der Sexualität" haben damals zu einer heftigen und sehr kontroversen
Diskussion geführt. Es gab vielfältige Reaktionen,
von denen nicht wenige als Ermutigung empfunden
wurden, andere aber auch als Unterstellungen oder
Verunglimpfungen. Aus einer überaus engagierten
und positiven Diskussion auf der Mitgliederversamm-
lung der VDO (Vereinigung Deutscher Ordensobern)
im Jahr 1995 entstand der Gedanke, Thema und An-
liegen des „Offenen Briefes" in einem gemeinsamen
Forum zwischen Ordensobern, Jugendseelsorgern
und Fachleuten aus verschiedenen theologischen
und humanwissenschaftlichen Disziplinen weiterzu-
führen. Im Frühjahr 1996 luden die Vorsitzenden der
Ordensobernvereinigungen VDO und VOD, sowie der
AGJPO gemeinsam zu diesem Forum ein. Im Hören auf
unterschiedliche Ansätze, im Erfahrungsaustausch
und nach engagierten Diskussionen entstand das Pa-
pier „In Beziehung leben"[1]. In diesem Gesprächsforum und bei der Erstellung des Papiers durfte ich von
Anfang an mitarbeiten, und ich kann heute noch mit
Stolz sagen: Der Text wurde eine wirklich gute Stand-
ortbestimmung für alle damals in der Jugendpastoral

tätigen Ordensleute. Auf dem Hintergrund konkreter Erfahrungen und einer kritischen Auseinandersetzung mit verschiedenen Themenbereichen aus der (Entwicklungs-)Psychologie, der Soziologie und der Pädagogik wurde eine Grundlage geschaffen, die half, den Jugendlichen in ihren jeweiligen Lebenssituationen – mit ihren Sehnsüchten und Ängsten – gerecht zu werden.

Eine wichtige Erfahrung in meiner Arbeit war es, zu erleben, dass die katholische Kirche in Fragen der Sexualität vom größten Teil der Jugendlichen nicht mehr als wertsetzende und richtungsweisende Instanz auf der Suche nach Orientierung wahr- und ernstgenommen wurde. Doch gerade diese Orientierung suchten damals viele junge Menschen – auch und gerade bei Ordensleuten, denn die Welt der Ordensleute war dezidiert nicht ihre eigene Welt. Ordensleute leben ja normalerweise ein anderes Leben als sie selbst. Wenn die jungen Menschen also zu uns in die Klöster oder in die Jugendbildungsstätten kamen, dann deshalb, weil sie gerade von solchen Menschen sinnvolle und tragende Antworten erwarteten, die nicht in ihrer Welt lebten und die Abstand hatten zum „normalen" Leben „draußen". Und was Jugendliche in der Regel auch sehr schnell und sehr gut verstehen: Auch ehelos lebende Frauen und Männer können ihre

Sexualität ja nicht an irgendeiner Garderobe abgeben, sondern sie dürfen und müssen auch selbst mit ihrer Sexualität umgehen und leben – in dem Sinne, dass es für alle, egal wer sie sind und wie sie leben, nur darum gehen kann, einen positiven Zugang zur eigenen Sexualität zu finden und einen wertschätzenden Umgang mit ihr einzuüben und zu pflegen.

Die Chance, jungen Menschen in diesen wichtigen Lebensfragen Orientierung zu geben, die haben wir auch heute noch: Die Kirche im Allgemeinen und die Jugendseelsorge im Besonderen können für Jugendliche Gelegenheiten bieten und Orte sein, in denen sie durch Ermöglichung von Eigentätigkeit, Teilhabe und Mitverantwortung und durch Werterhellung und Normbegründung ihre je eigenen Wege finden und gehen können. Hier geht es – wie bereits angedeutet – nicht zuletzt auch um die Stiftung von Identität. Das gilt besonders für den Bereich der Sexualität. Wenn sich junge Menschen Fragen stellen wie: Wer bin ich? Wer möchte ich sein? Was macht mich aus? Wie fühle ich? Wie erlebe ich mich im Umgang mit anderen? Wie möchte ich leben? – dann sind partnerschaftliche Unterstützung und Begleitung auf dem je eigenen Weg dringlicher denn je. Um einer solchen Aufgabe gerecht werden zu können, müssen wir Ordensleute aber „authentisch" sein, und wir dürfen uns

weder hinter einem Amt noch hinter einer Institution verstecken. Wenn das gelingt, können wir auch heute erleben, wie wichtig und not-wendig es ist, für (junge) Menschen als Gesprächspartner/-innen zur Verfügung zu stehen.

In vielen Begegnungen und Gesprächen – nicht nur mit jungen Leuten – erleben wir uns immer wieder in einem „Spannungsdreieck": Da sind zum einen die kirchlichen Verlautbarungen zu brennenden Fragen wie (voreheliche) Sexualität, nichteheliche Lebensgemeinschaften, Empfängnisverhütung oder Homosexualität; da sind auch unsere persönlichen Meinungen und Überzeugungen zu diesen Problemstellungen und nicht zuletzt sehen wir sehr realistisch die oft durchaus glaubwürdige Lebenspraxis der (jungen) Menschen. Die dramatischen und oft sehr radikalen Umwälzungen in unserer Gesellschaft und ihre konkreten Auswirkungen auf alle Lebensbereiche stellen nicht zuletzt die Moraltheologie und die Pädagogik vor neue Fragen und Probleme.

(Neue) Fragestellungen in der Sexualmoral

In den Lebensbereichen Sexualität, Partnerschaft und Ehe nahmen wir Ordensleute damals grundlegende Veränderungen wahr[2] – und sicher nicht nur wir, denn es gab ja regelrechte Umwälzungen, die selbstverständlich Auswirkungen hatten auf das Verhalten junger Menschen. Es war eben nicht mehr so, dass partnerschaftliche Sexualität nur in der Ehe gelebt wurde, zumal es kaum noch Partner gab, die sich diesseits des 25. Lebensjahres zur Heirat entschlossen. Heute hat sich diese Entscheidung für eine feste Partnerschaft oder eine Ehe (wenn überhaupt noch geheiratet wird!) noch weiter nach hinten verschoben. Die Partner, die bei mir wegen einer kirchlichen Trauung nachfragen (und es gibt sie noch!), sind in der Regel kaum noch jünger als 30 Jahre. In der Folge davon ist es heute eine Selbstverständlichkeit, dass junge Menschen, die sich lieben, ziemlich schnell zusammenziehen – nicht zuletzt auch um sich in der Partnerschaft auszuprobieren. Irgendwann entscheiden sie sich dann, zusammenzubleiben oder sie trennen sich wieder, ohne dass sie sich deshalb die Entscheidung leicht machen. Viele leben dann eben auch partnerschaftliche Sexualität und gründen ggf. eine Familie, ohne (vorher) verheiratet zu sein.

Man konnte dennoch feststellen, dass die viel be-
schworene und von vielen propagierte sexuelle Liberalisierung eben nicht zu einer Entkoppelung von
Liebe, Treue und Sexualität geführt hatte. Diese Wer-
te hatten bei jungen Menschen den höchsten Stellenwert – und das ist wohl auch heute noch so. Treue
bedeutet hier natürlich nicht gleich lebenslange
Treue, wohl aber bedingte Treue in der bestehenden
Partnerschaft; man spricht hier von serieller Monogamie.

Dabei sind neue Probleme entstanden (z. T. auch alte
Probleme in neuem Gewand), wie etwa die Verbindung von Sexualität und Gewalt und die Unterdrü-
ckung der (sexuellen) Selbstbestimmtheit von Frauen.
Dazu kamen der gesellschaftliche Bedeutungszu-
wachs von Sexualität und die damit verbundenen
Leistungsansprüche und Enttäuschungen sowie die

immer noch große Sprachlosigkeit im Umfeld von Sexualität.

Weitere Fragen ergaben sich aus einem neuen Rollenverständnis der Geschlechter: Vieles wurde neu und anders unter Partnern geklärt und vereinbart. Daraus ergaben sich neue Chancen für ein partnerschaftliches Miteinander. Die Entwicklungen brachten aber auch neue Konflikte mit sich und die unterschiedlichsten Konflikte einer Partnerschaft führten auch zum Scheitern. Als Dimension des Menschseins mussten und müssen wir dieses Scheitern ernst nehmen und akzeptieren. Hier stellen sich dann auch die Fragen nach Schuld und Versagen. Das gilt für alle Formen menschlicher Beziehungen.

Ursache des Scheiterns können manchmal überzogene Liebeserwartungen sein. Und nicht wenige Menschen idealisieren immer wieder – entweder Partnerschaft an sich oder auch den konkreten Partner / die konkrete Partnerin. Eine wichtige Aufgabe wäre es, in einen Lernprozess hineinzuwachsen und irgendwann damit zu beginnen, den anderen und die Beziehung realistisch zu sehen.

Nichteheliche Lebensgemeinschaften entstehen aus dem Wunsch, mit dem Partner / der Partnerin zusammen zu leben. Geheiratet wird aber meist – wie schon angedeutet – erst sehr viel später, wenn eine Familie gegründet werden soll oder wenn die gemeinsame Existenz gesichert ist. Allerdings münden nichteheliche Lebensgemeinschaften nicht unbedingt in die Ehe. Der erste Lebenspartner wird nicht zwangsläufig auch zum ersten Ehepartner. Und nichteheliche Lebensgemeinschaften werden z. T. auch nach langen Jahren wieder aufgelöst.

Dennoch hat die Ehe für viele (junge) Erwachsene einen hohen Stellenwert. Deshalb kann man vermuten, dass gerade die hohe Meinung von der Ehe und die oft überhöhten Ansprüche an die Qualität einer ehelichen Partnerschaft die (jungen) Menschen von einer Heirat (vorerst) abhalten. Vielfach steht deshalb nicht die Ehe selber zur Diskussion, sondern der Zeitpunkt der Eheschließung. Der veränderte Lebenslauf junger Menschen und die gesellschaftlichen Entwicklungen, besonders im Ausbildungs- und Berufsbereich, lassen eine Eheschließung eben oft erst in den dreißiger Lebensjahren zu.

Für viele gehört die Eigenverantwortung zur persönlichen Freiheit dazu. Das führt zur Verzögerung letztverbindlicher Entscheidungen. Wer frei und eigenverantwortlich sein Leben gestalten kann, trägt auch das Risiko. Damit stehen viele unter einem enormen Leistungs- und Erfolgsdruck. Fehlschläge und Enttäuschungen werden häufig als persönliches Versagen

gedeutet. Das trifft besonders auf die Beziehungsent-
scheidung junger Paare zu. Viele können sich heute
ihren Partner bzw. ihre Partnerin völlig frei wählen
und sich ohne den Druck gesellschaftlicher und fa-
miliärer Konventionen und Traditionen füreinander
entscheiden. Doch die Entscheidung für einen bestimmten Menschen bedeutet auch die Entscheidung
gegen andere mögliche. Gerade die freie Partnerwahl
macht das persönliche Risiko einer Entscheidung erst
richtig bewusst. Das häufige Scheitern von Ehen im
unmittelbaren Umfeld, nicht zuletzt in der eigenen
Familie, verschärft für viele die Situation.

Für uns Ordensleute war es interessant zu sehen,
dass der Offene Brief, den wir zu Beginn der neun-
ziger Jahre an die deutschen Bischöfe geschrieben
hatten und in der Folge davon die Veröffentlichung
des Papiers „In Beziehung leben" nicht ohne Folgen
geblieben sind, denn auch die Bischöfe – vor allem
in der Jugendkommission der Deutschen Bischofskonferenz – haben sich in dieser Zeit viele gute Gedanken gemacht. So wurde im September 1999 ein
Brief der Jugendkommission an die Verantwortlichen
in der kirchlichen Jugendarbeit zu einigen Fragen der
Sexualität und der Sexualpädagogik veröffentlicht.[3]
Es war zunächst spannend zu entdecken, dass sogar
die Struktur des Papiers der Bischöfe („Wir nehmen

wahr" oder „Wir fragen uns") der unseres eigenen
Papiers „In Beziehung leben" („Unsere Erfahrungen"
oder „Fragen, die sich uns stellen"), sehr ähnelte.
Das hat uns einerseits natürlich gefreut. Andererseits fühlten wir uns auch bestätigt, zeigte es doch,
dass unsere Gedanken und die Veröffentlichungen
nicht ohne Wirkung, bzw. ohne Resonanz geblieben
waren. So sprachen die deutschen Bischöfe in ihrer
Wahrnehmung davon, dass die Situation in den Lebensbereichen Beziehung und Sexualität heute sehr
komplex sei.[4] Unterm Strich stellten sie fest, dass
zwischen den kirchlichen Normen zum Sexualverhal-
ten und dem tatsächlichen Verhalten Jugendlicher
und Erwachsener vielfach ein Graben bestehe.[5] So
kamen die Bischöfe schließlich zu bedenkenswerten
Einsichten: „Die Kirche hat als orientierende Institution einen Glaubwürdigkeits- und Vertrauensverlust
zu verzeichnen" und: „Sorgfältiges Wahrnehmen der
Situation gehört zu den Grundvoraussetzungen einer
kirchlich verantworteten Sexualpädagogik (...). Nur
auf dieser Grundlage ist eine differenzierte ethische
Beurteilung möglich." Das waren auf einmal ganz
neue Töne ...

Sexualität und ihre Sinnvielfalt

Die Veränderungen in den Lebenswirklichkeiten und -welten der (jungen) Menschen und die sich verändernde Sexualität bringen sowohl einen Verlust als auch einen Gewinn mit sich. Sie sind eine Herausforderung für alle Beteiligten – auch für die Seelsorgerinnen und Seelsorger heute.[6]

Die Sexualität findet demnach ihre Identität – zumal nach dem Verlust der Ordnungen – nicht mehr einfach nur aus vorgegebenen Regeln und Normen, sondern sie will selbst entworfen werden. Menschliche Sexualität wird zu einem Teil des Alltäglichen. Sie ist nicht länger eine geheimnisvolle und Respekt einflößende Macht. Aber es gibt auch negative Folgen, die man sehen muss: z. B. die Kommerzialisierung und eine Überbetonung des Jung-, Schön- und Fit-Seins. Diese stellen vor die Aufgabe, das Nichtalltägliche und das Überwältigende der Sexualität in den menschlichen Beziehungen zu bewahren. Nicht nur Aufklärung und praktische Hilfen sind dann gefordert, sondern auch Faszination und Ehrfurcht sind zu vermitteln.

Menschliche Sexualität – und das ist ein wichtiger, wesentlicher Punkt – ist keineswegs nur auf Fortpflanzung ausgerichtet. Vielmehr zeichnet die Sexualität eine Sinnvielfalt aus, die ihr erst ihren Wert ver-

leiht. Neben dem Fruchtbarkeitsaspekt gehören dazu der Identitätsaspekt, der Beziehungsaspekt und der Lustaspekt. Alle vier Aspekte wahrzunehmen – wir als Kirche sollten das auch tun – und ihnen im alltäglichen Umgang eine Bedeutung zu geben heißt, Sexualität in ihren vielfältigen Formen und Ausdrucksweisen anzunehmen: in ihren Beziehungsformen wie in den Formen ihrer Praxis. Auf der „Stufenleiter der Zärtlichkeit" sind alle Stufen wichtig; sie brauchen ihre Zeit und ihren Raum. Der „Primat der Liebe" muss dabei unverzichtbar in den Vordergrund rücken.

Die Sexualität bedarf einer Hinführung zu dieser vielfältigen Sinngebung, wenn sie wirklich gelingen soll. In der Sexualerziehung geht es vorrangig um die ethische Erziehung als Ermutigung zu Vitalität und Ästhetik in einer Beziehung; es geht um die Entfaltung der eigenen körperlichen und psychischen, emotionalen und sozialen Möglichkeiten. Deshalb können junge Menschen ihre weibliche oder männliche Identität vor allem in einer Sexualität finden, die ganz unabhängig von Fortpflanzung und Ehe ihren Eigenwert hat. Das bedingt eine Kultur der Verhütung und Vorsorge. Gerade beim Entdecken und bei gemeinsam „bedachten" Erfahrungen hilft eine einfühlsame Begleitung – nicht zuletzt im Fall des Scheiterns einer Beziehung.

Menschliche Sexualität wird heute von vielen Frauen und Männern ganz bewusst in ihrer Identität als homosexuelle Menschen gelebt. Ihnen begegnen immer noch soziale Ächtung, Unverständnis und massive Sanktionen – nicht nur im Raum der Kirchen. Auch im Umfeld einer angeblich ach so aufgeklärten Gesellschaft sind Homophobien und Unsicherheiten längst nicht überwunden. Gerade junge Menschen brauchen Orte und Menschen, an denen sie sich mit ihrer sexuellen Identität auseinandersetzen und diese in bewusster Entscheidung und Verantwortung leben können. Wertorientierte, ehrliche und aufrichtige Beziehungen brauchen hier ihren Raum und ihre Anerkennung.

Sexualität als Idee und Geschenk Gottes lenkt den Blick auf transzendente Erfahrungen im Umgang mit ihr. (Jungen) Menschen diesen Blick wieder neu zugänglich zu machen, sich selbst und den anderen als Ebenbild Gottes zu sehen und in der Erfüllung einer zweckfreien Liebe ein Stück „Himmel auf Erden" zu erfahren, ist eine große Herausforderung der christlichen Sexualpädagogik. Wo Gott auch im Lebensbereich der Sexualität seinen festen Platz hat, da ist kein Platz mehr für Missbrauch, für Egoismus und Unverantwortlichkeit.

In Fragen von Sexualität und Partnerschaft herrscht immer noch – gerade auch bei „Kirchenleuten" – ein oft schleichendes Misstrauen, nicht selten verbunden mit Vorurteilen oder falschen Einschätzungen jüngerer Menschen (z. B. bei der Frage nach der Treue). Wie kann dieses Misstrauen abgebaut werden? Wie kann neues gegenseitiges Vertrauen aufgebaut werden? Wie gelingt es, Dialoge zu eröffnen und sich gegenseitig wahr und ernst zu nehmen?

Wo Sexualität weniger an eine Form, aber mehr an Inhalte gebunden ist, da stellt sie auch höhere Ansprüche. Der bisherige Bewertungsmaßstab von

Sexualität wird dabei fraglich, bzw. ist doch sehr einseitig. Eine Bewertung kann nicht mehr nach statischen, eindimensionalen und von außen betrachteten Kriterien erfolgen, sondern muss sich messen lassen an den Sinnaspekten und dem Prozess einer Beziehung.

Schon lange wird nicht mehr der ganze Lebensweg eines Menschen von der Seelsorge, bzw. einzelnen Seelsorgerinnen und Seelsorgern begleitet, aber dennoch wollen Menschen auch heute noch an einzelnen Wegstationen ihres Lebens (wie Taufe, Hochzeit, Begräbnis, ...) „rituell begleitet" werden. Wie können wir als Seelsorgerinnen und Seelsorger diese „Kurzgeschichten des Glaubens" positiv „lesen" und deuten? Wie können wir den Menschen gerecht werden und sie so begleiten, dass sie sich wertgeschätzt und angenommen fühlen?

Der biblische Befund

Homosexuelle Praxis im Ersten Testament[7]

Um die alttestamentlichen Verbote homosexueller
Praxis richtig verstehen zu können, ist es notwendig,
sie auf dem Hintergrund der kanaanäischen Acker-
baukultur zu sehen, in der die heilige Prostitution ge-
übt wurde, bei der geschlechtliche Handlungen mit
Frauen, mit Männern und Jugendlichen vorgenommen
wurden. Die Götter dieser Religionen vor Israel waren
Naturgottheiten, die das Sterben und Aufblühen in
der Natur und das sinnliche Leben widerspiegelten.
Darum waren sie mit der Sexualität des Menschen
eng verbunden. Zu den Kulten dieser Götter gehörte
die sakrale Prostitution als heilige Praxis, in der Regel
wohl zwischen Erwachsenen und Jugendlichen. Mit
individuellen Beziehungen hatten sie wenig zu tun.
Gegen diese „Bräuche der Heiden" musste sich Israel
abgrenzen, weil sie mit seinem Gottesverständnis un-
vereinbar waren. Deshalb galt als „Verunreinigung" in
Israel, was in den Gottesdiensten der Heiden üblich
war.
Im Buch Levitikus, Kapitel 18, Vers 24 lesen wir: „Ihr
sollt euch nicht durch all das verunreinigen; denn
durch all das haben sich die Völker verunreinigt, die
ich vor euch vertrieben habe." – Zu den Verunreini-
gungen zählten neben dem Essen von Blut, dem Es-

sen bestimmter Tiere, dem Einhalten von heidnischen Gebräuchen des Totenkultes auch „das Schlafen mit einem Mann wie mit einer Frau", nachzulesen in Levitikus, Kapitel 18, Vers 22 und Kapitel 20, Vers 13. Das jeweils hinzugefügte „Das wäre ein Greuel" deutet darauf hin, dass es sich hier um ein sakral-rituelles Vergehen gegen den Jahwekult handelt. Der Protest richtet sich gegen die Sakralisierung des Geschlechtlichen. Das Verbot richtet sich dagegen, Jahwe verkommen zu lassen – zu einer Naturgottheit, wie etwa Baal es war.

Ich möchte hier noch auf drei weitere alttestamentliche Stellen verweisen: zunächst die Geschichte vom Untergang Sodoms, von der in Genesis, Kapitel 19, berichtet wird. Von ihr stammt die alte Bezeichnung „Sodomie" für Homosexualität. Nun ist aber eindeutig, dass die Sünde Sodoms im Bruch des heiligen Gastrechtes bestand, indem den Gästen Lots von den „Männern der Stadt", das heißt von den Verantwortlichen, die Vertreibung und Vergewaltigung angedroht wurde. Daraus kann sicher kein Verbot homosexueller Liebesbeziehungen herausgelesen werden.

Der zweite Text ist das berühmte Wort: „Es ist nicht gut, dass der Mensch allein bleibt. Ich will ihm eine Hilfe machen, die ihm entspricht", so heißt es in Genesis, Kapitel 2, Vers 18. Hier ist weder an die Ehe gedacht noch darf der Begriff des helfenden Gefährten mit der Frau allein identifiziert werden. Die Lutherübersetzung „Gehilfin" ist im Übrigen falsch. Der Alttestamentler Gerhard von Rad schreibt: „Es ist zunächst nur von einem Beistand geredet, von dem, was dem Menschen Inbegriff innerer und äußerer Förderung werden soll." – Das kann also auch der Mann für den Mann und die Frau für die Frau werden. Der Mensch ist ein auf Hilfe durch andere und auf Gemeinschaft angelegtes Wesen. Aber das ist er sowohl in hetero- als auch in homosexuellen Beziehungen.

Der dritte Text ist nach meinem Wissen die einzige Stelle im Ersten Testament, die eine Beziehung zwischen zwei Männern schildert, die als eine Liebesbeziehung bezeichnet werden kann. Die Beziehung zwischen David und Jonathan, dem Sohn Sauls, war zumindest homoerotisch, wenn nicht gar homosexuell. Ihre Freundschaft steht von Anfang an unter einem Unglücksstern, eingezwängt zwischen dem alten König Saul und seinem Rivalen David. Jonathan entscheidet sich gegen seinen Vater und für seinen Freund David. Aber er darf es nach außen nicht zeigen und muss mit seinem Vater untergehen. Der Erzähler dieser unerbittlichen Geschichte harter Machtpolitik, in der es aggressiv und traditionell „männlich" zugeht, unterbricht immer wieder seine Darstellung der

Intrigen und Kämpfe und berichtet mit ganz persönlichen Worten von dieser Freundschaft: „Und Jonathan ließ auch David bei seiner Liebe zu ihm schwören; denn er liebte ihn wie sein eigenes Leben ... Dann küssten sie einander, und beide weinten." (1 Samuel, Kapitel 20, Verse 17 und 41).

Und als der Freund im Kampf gefallen war, singt David ein Klagelied: „Weh ist mir um dich, mein Bruder Jonathan. Du warst mir sehr lieb. Wunderbarer war deine Liebe für mich als die Liebe der Frauen." (2. Buch Samuel, Kapitel 1, Vers 26).

In diesen Texten wird nicht von (genitaler) Sexualität bzw. Homosexualität gesprochen. Aber beschrieben wird eine stark gefühlsmäßige und zärtliche Beziehung zwischen zwei Menschen gleichen Geschlechts. Beschrieben wird, was wir Zuneigung und Liebe nennen. Natürlich kann man fragen, warum von dieser Beziehung überhaupt berichtet wird. Meist dienen solche Geschichten als Sittenspiegel. Deutlich wird auf jeden Fall, dass die Beziehung zwischen David und Jonathan kein Skandal, sondern allgemein bekannt war.[8]

Zu einigen Texten des Zweiten Testamentes

An keiner Stelle wird in den Evangelien Homosexualität auch nur erwähnt. Überhaupt ist festzustellen, dass das Christentum in neutestamentlicher Zeit kein Interesse daran hat, Homosexualität zu einem Gegenstand besonderer ethischer Reflexion zu machen.

Homosexuelle Praxis findet im Neuen Testament Erwähnung in drei Gemeindebriefen. Dort taucht sie in den sogenannten Lasterkatalogen auf, in denen die "Laster der Heiden" stereotyp gekennzeichnet werden. Dies ist im Römerbrief, Kapitel 1, Verse 24-27, im 1. Korintherbrief, Kapitel 6, Vers 9 und im 1. Timotheusbrief, Kapitel 1, Vers 10 der Fall. Hier geht es um die Abgrenzung von fremden Kulten und ihren sexuellen Praktiken.

Eine Stelle im Brief des Paulus an die Römer wird in der Diskussion immer wieder mit besonderem Gewicht versehen. Dort ist davon die Rede, dass die Frauen wie die Männer den "natürlichen Verkehr" mit dem "widernatürlichen" vertauscht hätten (vgl. Römerbrief, Kapitel 1, Vers 26f.). Mit diesem Illustrationskatalog von heidnischen Lastern geht es Paulus nicht um sexualethische Normierungen, sondern es geht ihm einzig und allein um die Anerkennung des einen wahren Gottes, also um das erste Gebot. Paulus beschreibt einen folgenschweren Irrtum des Menschen: dass er zwar die Schöpfung sieht, aber Gott nicht als den Schöpfer erkennt. Darum macht der Mensch immer wieder das Geschaffene zu seinem Gott. Er betet Tiere an oder sich selbst, seine Fähigkeiten und Produkte. Dabei erfährt er, dass sie Macht über ihn gewinnen. Der Mensch hat Gott ausgetauscht gegen die Götzenbilder, die ihn knechten. Diese Knechtschaft als Folge der "Vertauschung Gottes" zeigt sich nun in einer Fülle von sozialen und moralischen Selbstschädigungen, unter anderem in der Praxis, die bei den "Heiden" üblich ist: in der Vertauschung des "natürlichen" mit dem "widernatürlichen" Umgang.

Es geht hier also um eine Sexualpraxis im Zusammenhang mit der Verehrung fremder Götter; es geht um die Vergötzung menschlicher Sexualität und ihren Missbrauch als Religionsersatz. Es geht um das Austauschen von Frauen durch Männer aus Überdruss, Unersättlichkeit oder Verachtung des anderen Geschlechts. Es geht um homosexuelle Praktiken heterosexueller Männer.

Bei Paulus sucht man in den eingehenden Erörterungen des ersten Korintherbriefes, Kapitel 7, vergeblich eine positive Würdigung der Liebe zwischen den Geschlechtern oder des Reichtums menschlicher Erfahrungen in Ehe und Familie. Wenn Paulus aufgrund

seiner Tradition und seiner persönlichen Situation so über Ehe und heterosexuelle Beziehungen spricht, dann ist zu vermuten, dass er auch bei homosexuellen Beziehungen nicht an Liebe und an Partnerschaft denkt. Tatsächlich ist die Homosexualität für ihn eine willkürliche Praxis, die man jederzeit auch aufgeben kann. Wir wissen aber heute, dass das nicht so ist und Homosexualität ebenso mit Zuneigung und Liebe verbunden sein kann wie Heterosexualität.

Wir können also bereits hier schon feststellen, dass antike Sozial- und Moralvorstellungen nicht Inhalt christlicher Verkündigung sein können. Darüber haben wir mit anderem und besserem Wissen heute auch anders zu urteilen. Paulus selbst würde hier kaum widersprechen, da er zwischen eigener Meinung und zentralem Inhalt des Evangeliums immer unterschieden hat. Günther Bornkamm, ein evangelischer Theologe und Paulus-Forscher des letzten Jahrhunderts, hat festgestellt, dass Paulus vor allem bestimmt war von einer „in der Sache begründeten Scheu, gesetzlich zu dekretieren, wo allein vom Geist (1. Korintherbrief, Kapitel 7, Vers 40) und vom Glauben her in eigener Selbstprüfung die Entscheidungen fallen müssen."[9] Darum geht es Paulus auch nicht um die Verhältnisse und Ordnungen an sich – „sie haben keine Heilsbedeutung"[10] –, sondern allein um das Verhalten in ihnen.

Was sagt die Bibel zur homosexuellen Liebe?

Kein Mensch wird angesichts der vielen persönlichen Schicksale aus Vergangenheit und Gegenwart
ernsthaft bestreiten können, dass es das gibt und
immer gegeben hat: die Liebe von Frau zu Frau und
von Mann zu Mann. Darum scheint es mir überhaupt
nur sinnvoll, zum Thema Homosexualität in der Bibel
nach dem Vorkommen und der Gestaltung von Liebesbeziehungen zu fragen.

In den bestimmten Texten, wie etwa in der Schilde-
rung der Freundschaft zwischen David und Jonathan,
wird zwar nicht von genitaler Sexualität gesprochen,
bzw. von Homosexualität. Aber beschrieben wird eine
stark gefühlsmäßige und zärtliche Beziehung zwischen zwei Menschen des gleichen Geschlechts; beschrieben wird, was wir Zuneigung und Liebe nennen.
Nun gibt es eine Reihe von Bibelstellen (Levitikus,
Kapitel 18, Vers 22 / Levitikus, Kapitel 20, Vers 13
/ Römerbrief, Kapitel 1, Verse 24-27 / 1. Korintherbrief, Kapitel 6, Vers 9 / 1. Timotheusbrief, Kapitel
1, Vers 10) in denen umschreibend oder begrifflich
Homosexualität angesprochen wird. Hier ist z.B. von
„Knabenschändern" die Rede. An keiner dieser Stellen
ist aber eine individuelle, personale Beziehung unter
Menschen gemeint, sondern eine Sexualpraxis, die in

keinem personalen Zusammenhang steht. Sexualität als Ausdruck von Zuneigung und Liebe haben diese Bibelstellen überhaupt nicht im Blick. Die Bibel hat lediglich bestimmte Formen der Homosexualität im Blick und lehnt die kultische Homosexualität ab. Verurteilt wird kultisches Transvestitentum und gleichgeschlechtliche Vergewaltigung. Nicht von der Bibel gesehen und erörtert wird das Problem der relativ unveränderbaren Homosexualität. Deshalb kann eine grundsätzliche Ablehnung der weiblichen und männlichen Gleichgeschlechtlichkeit aus dem biblischen Zeugnis nicht erschlossen werden.

Es ist also davon auszugehen, dass homosexuelle Liebesbeziehungen, in denen Sexualität eine Ausdrucksform gegenseitiger Zuneigung ist, im Vorstellungshorizont der Bibel gar nicht auftauchen. Vielleicht deshalb, so frage ich, weil sie gar nicht als Problem empfunden wurden?

Andererseits spricht einiges dafür, dass vor allem im Ersten Testament die genitale Sexualität weitgehend eingeschränkt war auf Beziehungen zwischen Mann und Frau, die wiederum eingebettet waren in einen Sippenverband und eine Generationenreihe, die der einzelne fortzusetzen hatte. Das wird z. B. deutlich in der Geschichte von Juda und Thamar in Genesis, Kapitel 38, in der Onan sich der Pflicht zur Schwagerehe mit Nachkommenschaft entzieht, da sein Bruder gestorben war. Er tut das durch einen Koitus interruptus und es heißt dazu: „Was er tat, missfiel dem Herrn". Er wurde mit dem Tode bestraft. Diese Geschichte hat eindeutig weder etwas mit Onanie, – mit dem was wir heute damit bezeichnen –, zu tun noch mit Homosexualität. Hier wird ein rechtlicher Sonderfall verhandelt. Unmöglich kann aus ihr eine allgemeine „Pflicht zur Zeugung" geschlossen werden. Diese lässt sich auch nicht aus dem Satz der ersten Schöpfungsgeschichte in Genesis, Kapitel 1, Vers 28 ableiten, in dem es heißt: „Seid fruchtbar und vermehrt euch!" Es handelt sich hier nicht um einen Befehl zur Zeugung, sondern um einen Segenswunsch.

Aber – so ist zu fragen: Sind nicht doch im Ersten Testament gerade Mann und Frau in besonderer Weise aufeinander verwiesen? Wenn es wie in Genesis 2, Vers 24 heißt: „Darum verlässt der Mann Vater und Mutter und bindet sich an seine Frau, und sie werden ein Fleisch."? Um diesen Satz zu verstehen, muss man wissen, dass es für alttestamentliches Denken charakteristisch ist, die Tatbestände der vorgefundenen und erlebten Wirklichkeit zu erklären mit den Fragen: Warum ist das so? Wie ist es dazu gekommen? Hinter der Antwort unseres Satzes steht die Frage, wie es zu den zwei Geschlechtern gekommen sein mag, und

wieso sie so stark zueinander drängen. Und die Antwort lautet in der Interpretation der Alttestamentler
Gerhard von Rad und Claus Westermann[11]: Gott hat
die Frau vom Mann genommen, weil sie ja ursprüng-
lich ein Fleisch waren; darum müssen sie wieder
zusammenkommen. Erklärt werden soll also mit der
Erzählung von der Erschaffung Evas aus der Rippe des
Adam der urgewaltige Drang der Geschlechter, das
Hingezogen sein zueinander, die in ihrem gemeinsamen Kind wieder zu „einem Fleisch" werden. Hier ist

weder an die Begründung einer Institution wie Ehe oder Monogamie gedacht, noch ist eine homosexuelle Beziehung im Blick, die nach heutigem Wissen dasselbe Zueinander drängen kennt.

Was sagt die Bibel also zur homosexuellen Liebe? Schlicht und einfach – nichts! Es besteht überhaupt der Verdacht, dass die ganze Diskussion „Homosexualität und Bibel" eine aufgezwungene Diskussion ist. Der Bibel sind homosexuelle Liebesbeziehungen unbekannt. Und ein biblisches Verbot homosexueller Liebesbeziehungen ist nirgends zu sehen. Ich möchte deshalb positiv formulieren: Für den christlichen Glauben sind nicht die jeweilige sexuelle Orientierung und die Ausdrucksform menschlicher Sexualität von Interesse, sondern nur die Gestaltung der Beziehung zwischen Menschen nach dem Maßstab von Liebe und Freiheit.

Deshalb kann ich nur hoffen, dass es uns als Kirche gelingt, allen homosexuell liebenden Menschen gerecht zu werden und mit ihnen gemeinsam das Leben zu suchen.[12]

Missbrauch und

sexuelle Gewalt

Sprachlosigkeit contra Dialogbereitschaft

Um aus kirchlicher Sicht umfassend etwas zum Thema (Homo-)Sexualität sagen zu können, dürfen wir an einem wirklich dunklen Kapitel der vergangenen Jahre nicht einfach wortlos vorbeigehen. Ich halte es für dringend notwendig, immer auch die Pervertierung von Sexualität im Blick zu haben – da, wo es im Bereich der Sexualität um Missbrauch und Gewalt geht.

Es gibt nicht wenige Zeitgenossen, die sich fragen, ob man die Kirche nicht mit einem globalen Wirtschaftsunternehmen vergleichen kann. Ist das so? Haben wir mit der Kirche wirklich einen Weltkonzern vor Augen, der seit 2000 Jahren besteht, der durch eine sagenhaft gute Markenentwicklung groß und machtvoll wurde – und der in den letzten zehn Jahren einen immensen Schaden erlitten hat? Ich denke nicht, dass man eine Analogie von Kirche und Unternehmen durchhalten kann. Wir sollten nämlich unterscheiden zwischen einer Kirche als Gemeinschaft von Menschen, die sich an Jesus Christus und an den Werten des Evangeliums orientiert – und einer Kirche als Organisation von berufstätigen Bischöfen, Priestern und Laien, die sozusagen das Management übernommen haben. Und um diese zweite Form von Kirche geht es mir hier. Deshalb müssen wir auch von den Fehlern des Managements sprechen. Die Bilanz der letzten Vorstandsvorsitzenden, Papst Johannes Paul II. und Papst Benedikt XVI., fällt leider negativ aus. Unter Papst Johannes Paul II. hatten wir es bereits mit einer extremen Form von Neoklerikalismus zu tun. Diese wurde mit Papst Benedikt XVI. noch einmal verstärkt. Der Macht-, der Kontroll- und Deutungsanspruch des kirchlichen Amtes war so groß, dass sie der „anderen Kirche" – so muss man leider sagen –, also der Kirche der Glaubensgemeinschaft und des Evangeliums, zu der sie ja selbst auch gehört, die Luft zum Atmen nahm.

Papst Benedikt XVI. hat immer wieder den Anspruch der Kirche auf „Wahrheit" betont, die für alle Zeiten zu gelten hat. Die Kirche hat aber mit dem Zweiten Vatikanischen Konzil eingestanden, dass „Wahrheit" immer auch historisch eingekleidet ist. Auf eine unverrückbare Wahrheit zu pochen, das kann auch dazu führen, dass die Kirche ihre Dialogfähigkeit verliert, obwohl das sicher nicht die Absicht war – auch nicht dieses Papstes. Führt man aber eine solche Verweigerung des Dialogs ins Extreme, dann droht die Kirche sektiererische Züge anzunehmen. Es gibt heute auch unter einem dialogbereiten Papst Franziskus immer noch zu viele Leute, die sich im Besitz der gefühlten und intellektuell hergeleiteten „Wahrheit" wähnen, die im Gegensatz zum jetzigen Papst den Wert des Dialogs als Erkenntnisgewinn zu gering schätzen – und die deshalb öffentlich auf gegen sie erhobene Vorwürfe mit totaler Verständnislosigkeit reagieren. Der Umgang mit dem Thema Missbrauch war und ist nur ein Beispiel dafür.

Der Missbrauchsskandal war und ist einerseits ein Skandal der Gewalt. Aber andererseits ist er ein Skandal der Sprachlosigkeit. Die meisten Menschen waren ja über den Umgang der Kirche mit dem Thema nicht weniger entsetzt als über den Missbrauch selbst. Und das ist auch verständlich. Die Kirche hat es kaum geschafft, sich für das traumatische Gefühl der Verwundung zu öffnen, an der Opfer sexueller Gewalt leiden. Was wir in der Missbrauchsdebatte erlebt haben, ist eine erhabene Form der Sprachlosigkeit. Das Problem scheint zu sein, dass viele Verantwortliche in der Kirche zwar das Entsetzen über den Missbrauch verstanden haben und verstehen – aber nicht das Entsetzen über ihre rhetorische Hilflosigkeit, über ihr mangelndes Gespür für die richtigen Gesten und ihr instinktives Fluchtverhalten. Wer sich vor allem um die Unbeflecktheit des eigenen Erscheinungsbildes sorgt, kommt automatisch ins Stottern, sobald die Wirklichkeit das Ideal blamiert. Mancher Bischof

wusste nicht, wie er zu den Medien sprechen sollte, weil er sich zu sehr auf die Logik seiner Institution gestützt hatte, statt auf die Logik des Zuhörens. Viele haben das Verhalten mancher Bischöfe als Offenbarungseid einer weltfremden, unsensiblen und einer in sich verpanzerten Kirche empfunden. Warum hat es die Kirche nicht geschafft zu sagen: „Ja, ich habe gesündigt. Ich war sicher nicht die einzige Institution, die Kinder geprügelt und sexuell missbraucht hat; es gab bestimmte Einflüsse, einen bestimmten Zeitgeist, aber trotzdem: Ich war verantwortlich – und ich bitte um Verzeihung!"? Es wäre ganz einfach gewesen, aber diese einfachen Sätze sind nicht gefallen. Ein wenig Demut hätte dem ein oder anderen unter den Kirchenmännern gut zu Gesicht gestanden, denn Demut heißt theologisch gesehen: Erkenne, welche Position du vor Gott und den Menschen hast.

Aus heutiger Sicht muss man aber ehrlicherweise sagen: Inzwischen hat die Kirche auch dazugelernt In allen deutschen Diözesen gibt es bei einem aufkommenden Verdacht sexuellen Missbrauchs klare Regeln und einen Leitfaden, wie zu verfahren ist, damit man allen Betroffenen wirklich gerecht werden kann. Auch die Missbrauchs-Prävention steht inzwischen auf sehr guten Füßen und eine Schulung kirchlicher Mitarbeiterinnen und Mitarbeiter auf allen Ebenen ist heute selbstverständlich und überall gängige Praxis.

Wir dürfen aber auch nicht verschweigen, dass es vielfältige Formen sexueller Gewalt gibt – in Familien und Vereinen, in Erziehungseinrichtungen, im Bereich der Kunst, der Kultur und in den Medien. Nicht nur die Kirche ist betroffen, auch das sollte gesagt werden dürfen. Das Leid der Opfer verlangt es, generell aufmerksam zu werden. Die Kirche muss aber gemeinsam mit anderen Initiativen die verschiedenen Formen sexueller Gewalt zielstrebig bekämpfen, eine Kultur des aufmerksamen Hinschauens einüben und glaubwürdig für eine Pädagogik werben, die die Persönlichkeit jedes einzelnen jungen Menschen stärkt.

Sich der Verantwortung stellen

Die Missbrauchsfälle haben viele unsicher zurückgelassen, ob der Täterschutz und der Schutz der Institution nicht manchmal höher bewertet wurden, als den Opfern beizustehen. Eine katholische Kirche muss in ihren Grundsäulen sehr stark auf Glaube und Vertrauen aufbauen. Und wenn genau diese Grundpfeiler nicht nur erschüttert sind, sondern davor stehen, einzustürzen, dann muss mehr geschehen als zu sagen: Wir überarbeiten die Leitlinien, wie wir in Zukunft mit dem sexuellen Missbrauch in der Kirche umgehen. Hier geht es um Grundsatzfragen des Miteinanders zwischen Klerikern und Laien, zwischen katholischen Vereinen und Verbänden und der Amtskirche. Und es geht um die Frage: Wie viel darf eine Ortskirche gegenüber Rom selbst entscheiden?

Dazu kommt folgendes Unverständnis: Wie kann ein katholischer Bischof ernsthaft – ganz egal ob er in Rom oder in Deutschland Verantwortung trägt – in der Diskussion über den sexuellen Missbrauch die Homosexualität zum eigentlichen Problem machen wollen – einmal ganz abgesehen davon, dass es völliger Unsinn ist, Homosexualität einfach als Sünde abzutun. So sei hier beispielsweise Kardinal Tarcisio Bertone zitiert. Die damalige Nummer zwei der katholischen Kirche äußerte noch im April 2010, etliche Psychiater und Psychologen hätten ihm gesagt, dass zwischen Homosexualität und Kindesmissbrauch „eine Verbindung" bestehe. „Das ist die Wahrheit und das ist das Problem", äußerte der Kardinal.[13]

Schweigen und Sprachlosigkeit einerseits und neurotische, wohl von Homophobie geprägte Überreaktionen andererseits sind aber nur zwei Seiten einer Medaille. Bisher hat die Kirchenleitung alles getan, um das Thema Homosexualität offiziell auszuklammern. Hier sind wir wahrscheinlich an einem Wendepunkt angekommen. Aber das ist auch gut so, denn schwule Priester zum Beispiel sind ein Schlüsselthema, das ein Schlaglicht auf fast alle Defizite der katholischen Kirche wirft. Damit ist natürlich die Frage der doppelten Moral angesprochen, die stets aufgeschobene Frage des Pflichtzölibats, die Frage der Zulassung von Frauen zum Diakonat und zur Weihe. Aber auch Fragen der inneren Führung und der meist verkommenen Streitkultur brechen immer wieder neu auf.

Dennoch traue ich der Kirche immer noch zu, dass sie einen anderen Weg einschlagen kann und auch einschlagen will. Und ich bin weit davon entfernt, Schuldzuweisungen allein auf die Bischöfe zu schieben, sondern die Fragen, ob Kirche gelingt, ob wir auch in Zukunft noch Ansprechpartner in der Gesellschaft sind, das sind alles Fragen, für die auch die Laien große Verantwortung haben. Die Kirche hat für die Zukunft dann eine Chance, wenn es nicht immer wieder um ein Gegeneinander zwischen Bischöfen und Laien geht, sondern wenn wir zu einem guten, konstruktiven Miteinander kommen.

Woher nehme ich diese Zuversicht? Ich könnte es mir einfach machen und sagen: Als Christ lebe ich nach dem Prinzip Hoffnung. Aber es gibt – Gott sei Dank – viele engagierte Menschen, die sagen, dass sie nicht aufgeben werden. Es gibt immer noch so etwas wie eine Kirchenvolksbewegung, es gibt viele Gemeinden, die mit ihren Seelsorgerinnen und Seelsorgern andere Wege gehen. Sie sagen: Es ist machbar, wir tun manches einfach. Aber wir sind auch ganz entscheidend darauf angewiesen, dass es innerhalb der Deutschen Bischofskonferenz ein Umdenken gibt; und da gibt es hoffnungsvolle Zeichen. Denn ohne die Bischöfe wird es nicht gehen, und ich will auch keine Kirche ohne Bischöfe und Priester, sondern ich will, dass wir zu einem anderen Miteinander von Laien und Amtsträgern in der Kirche kommen, und dass Laien endlich den Stellenwert bekommen, der ihnen auch gebührt. Papst Franziskus hat da einen guten Weg eingeschlagen. Es gibt in der Apostelgeschichte eine sehr schöne Umschreibung dafür. In Kapitel 15, Vers 22, heißt es:

„Da beschlossen die Apostel und die Ältesten zusammen mit der ganzen Gemeinde ..." Was da allerdings nicht steht: Da beschlossen die Apostel (also die Bischöfe) zusammen mit den Priestern ... Nein, das steht nicht da! Von Anfang an sind alle, wirklich alle eingeladen, mitzudenken, mitzureden und mitzutun! Sicher braucht es noch viel Zeit, bis sich manche Strukturen auflösen und manches sich weiter entspannt. Aber eine Antwort auf die Frage, ob Papst Franziskus und unsere Bischöfe verstanden haben – das ist eine ziemlich kurzfristige Angelegenheit. Da erwarte nicht nur ich weitere richtungsweisende Signale.

Zwischen Schuld und Neubeginn

Die Verletzungen von vor 20, 30 oder 40 Jahren sind in den Opfern des sexuellen Missbrauchs Gegenwart geblieben; ebenso die Demütigungen, die ins Intime, ins letzte Eigene, eindringen und es zerstören. Ein Erwachsener übt totale Macht aus über den Körper und die Seele eines Kindes – das allein ist furchtbar. Dass er es als Priester oder als kirchlicher Mitarbeiter tut, als jemand, dem viele Menschen ja von vorneherein einen Vertrauensvorschuss zugestehen, macht dieses Verbrechen unfassbar. Wenn Eltern ihre Kinder einem Priester anvertrauen, dann müssen sie sich darauf verlassen können, dass es sich dabei um eine Person handelt, die des Vertrauens wert ist, das man ihr schenkt. Die für die Ausbildung und Anstellung von Priestern Verantwortlichen müssen Gewähr dafür bieten, dass diese Sicherheit gegeben ist. Notwendig ist daher eine intensive Überprüfung der psychosexuellen Reife der Kandidaten für das Priesteramt. Aber dazu später mehr.

Papst Benedikt XVI. hatte im März 2010 in einem Brief an die ebenfalls von sexuellem Missbrauch erschütterte irische Kirche gefordert, die Kirche solle bei der Aufklärung mit der Staatsanwaltschaft zusammenarbeiten.[14] Mitte Juni 2010 hat der Papst dann zum Abschluss des Priesterjahres vor 15 000 Priestern „Gott und die betroffenen Menschen inständig um Vergebung" gebeten, und er versprach, alles tun zu wollen, um solchen Missbrauch nicht wieder vorkommen zu lassen.[15] Papst Benedikt betonte, er werde alles nur Mögliche tun, um Kinder vor sexuellen Übergriffen durch Priester zukünftig zu schützen. Das heißt: Null Toleranz gegenüber Missbrauch. Andere Institutionen sind da leider bis zum heutigen Tag noch nicht so konsequent, auch das muss einmal ausgesprochen werden dürfen. Das Entsetzen aber darüber, dass kirchliche Mitarbeiter, Priester und Ordensleute Kinder sexuell missbrauchen, bleibt. Gott sei Dank – muss man leider sagen. Wir haben uns bis heute nicht daran gewöhnt, obwohl es schon sehr lange zur bitteren und furchtbaren Wahrheit innerhalb der katholischen Kirche gehört. Zu lange hat sich die Kirche Zeit gelassen, radikale Konsequenzen zu ziehen.

Die Krise wird nicht so schnell vorbei sein. Die Kirche ist derzeit zwar stark darin, administrativ gegen den Missbrauch von Kindern und Jugendlichen vorzugehen. Sie ist aber nach wie vor schwach darin, die tiefer liegenden Ursachen zu erkennen, den katholischen Geschmack des Missbrauchsskandals, wie es der Jesuit Klaus Mertes formuliert hatte.[16]

Was die Kirche braucht – auch in Zukunft – ist Selbst-
kritik und Selbsterkenntnis, ja geradezu eine Selbst-
verunsicherung ist notwendig. Im Grunde braucht
die Kirche eine Karwoche für sich selbst: Das Alte
leidet und stirbt, das Neue steigt aus dem Grab. Erst
das macht es der Kirche möglich, nach vorne zu bli-
cken. Zukunftsfähig und gesellschaftlich relevant ist
die Kirche dort, wo sie aus dem Wissen ihrer Fehler-
haftigkeit eine neue Offenheit und Gesprächskultur
errichtet. Die Mauern des Schweigens müssen an
vielen Stellen überwunden werden, nicht nur beim
Thema Missbrauch. Es muss auch über die Ausbildung und die Lebensformen der Priester gesprochen
werden, über das Verhältnis der Kirche zu Sexualität und Macht. Auch das Thema Homosexualität
und die moralische Bewertung dieses Phänomens
darf nicht einfach übergangen oder ausgeklammert
werden.

Der Missbrauchsskandal hat den Graben zwischen
hoch gehängtem Ideal und einer abgründigen Wirklichkeit offenbar werden lassen. Insofern steht die
Institution in Frage – mit ihrem Anspruch, mit den
Lebensformen, die sie verordnet, mit der Sexualmoral,
die sie vertritt. Die Kirche muss sich auch in Zukunft
dem stellen, was an strukturellen, an intellektuel-
len und theologischen Problemen zutage tritt. Sonst

werden die Wunden niemals heilen: die Wunden der Opfer nicht und die der Kirche nicht.

Häme und Spott sollten sich aber auch die ewigen Kritiker der Kirche verkneifen. Das Land braucht eine katholische Kirche; eine Kirche, die immer mehr reift und die Neues aus den Gräbern auferstehen lässt; eine Kirche, die quer zum Zeitgeist steht; eine Kirche, in der Priester und Bischöfe, aber auch alle anderen Mitarbeiterinnen und Mitarbeiter ein glaubwürdiges Leben führen – mit oder ohne Zölibat.

Dazu kommt: Die Kirche muss sich von der Vorstellung verabschieden, dass Lust und Erotik gefährliche wilde Tiere sind, die in den Käfig der genauen Vorschrift gehören. Sie sollte eine Kultur der Achtsamkeit vor der körperlichen Liebe pflegen; vor allem, was intim ist, gegen eine Sexualisierung ohne jede Menschlichkeit, gegen jede Prüderie, aber auch gegen jede Grenzüberschreitung. Die Sexualität in ihrer ganzen Vielfalt muss aus der Dunkelkammer heraus.

Menschen begleiten

de angenommen, geliebt und in den Mittelpunkt aller Überlegungen gestellt wird, kann Sexualität ihren eigenen Wert entfalten, und zwar im ganz konkreten Menschsein, in der Körperlichkeit jedes einzelnen Menschen. Als Kirche tun wir uns immer noch mit Körperlichkeit, mit Sinnlichkeit und vor allem mit der Lust sehr schwer. Deshalb sollten sie Ausgangspunkt sein, um Kriterien für die Entwicklung einer sexuellen Identität zu entwerfen. Gott schafft den Menschen in seinem Körper – mit seinen Sinnen und seiner Lust. Sexualität ist eine gute Gabe des Schöpfers und kein unberechenbares, wildes Tier.

Wir brauchen als erstes eine klar konturierte Körperlichkeit: Ein Mensch wird für andere als Person fassbar und (be-)greifbar. Sie entsteht, wenn die eigene Körperlichkeit gelebt wird, wenn also die Selbstliebe – ohne die die Liebe zum anderen nicht möglich wird – unterlegt wird durch den Respekt vor und in der eigenen Körperlichkeit. Erst das Wahrnehmen, die Gestaltung und die Achtung der eigenen Körperlichkeit bieten die Möglichkeit, eine von Gewalt und Missbrauch geprägte Situation zu erkennen.

Zweitens benötigen wir eine geschichtlich eingebundene Körperlichkeit: Sie richtet sich gegen ein narzisstisches Gefühl der Zeitlosigkeit, des Lebens allein im Hier und Jetzt. Sie verweist nicht nur auf die Zu-

kunftsbezogenheit allen Handelns. Sie wird auch zur Vergegenwärtigung der Verantwortung. Ich muss den anderen ernst- und annehmen als den Menschen, der er/sie in seiner/ihrer Geschichte geworden ist – mit Fehlern und Stärken, Sehnsüchten und Ängsten.

Drittens brauchen wir eine solidarisch verfasste Körperlichkeit: Hier geht es um die Haltung, für sich selbst und für den anderen Verantwortung zu übernehmen. Sexualität kann dann weder als Ware noch als Machtmittel benutzt werden; sie ist keine Ware, sondern sie ist ein Geschenk. Sie ist kein Machtmittel, sondern Gabe und Aufgabe zugleich. Solidarisch verfasste Körperlichkeit bindet Sexualität immer an die Person und zugleich die Personen aneinander.

Die Glaubwürdigkeit steht auf dem Spiel

Die Kirche hat mit der Sexualmoral ein fatales Vermittlungsproblem. Dazu kommt, dass die Positionen der Kirche undifferenzierter wahrgenommen werden, als sie in Wirklichkeit sind.

Verhütung? Die Kirche ist dagegen! Pille danach? Dagegen! Abtreibung? Dagegen! Selbstbefriedigung? Dagegen! Sex außerhalb der Ehe? Käuflicher Sex? Sowieso dagegen! Von Schwulen und Lesben gar nicht zu reden. Es ist, als wäre das gesamte Feld der Sexualität mit Verbotsschildern übersät, sodass kein Mensch es vorschriftsmäßig betreten, geschweige denn durchqueren kann. In diesem ganzen Schilderwald lässt sich nicht einmal mehr erkennen, dass kirchliche Vorgaben sehr wohl ihren Sinn haben und dass sie an gelingendem Leben und Schutz der menschlichen Würde orientiert sind.

Zwei Beispiele: Kirchliche Positionen treffen sich durchaus mit feministischen, wenn es etwa um die Verurteilung der Prostitution geht. Und nicht nur radikale katholische Lebensschützer hegen schwerwiegende Bedenken gegen Schwangerschaftsabbrüche als beliebiges Instrument der Familienplanung oder mit dem Ziel, ungeborene Kinder mit Behinderung nicht zur Welt bringen zu müssen.

Wo immer aber kirchliche Vertreter argumentativ einen Fuß in die Tür bekommen – sie laufen sofort Gefahr, mit Hinweis auf die „absurde, weltfremde Sexualmoral" der Kirche gleich wieder hinausgeschubst zu werden. Das mag manchen unfair vorkommen, unverständlich ist es nicht.

Kurz vor dem Kölner Weltjugendtag 2005 sprach der damalige Vorsitzende der Deutschen Bischofskonferenz, Karl Lehmann, über die Papstbegeisterung junger Leute einerseits und deren Lebenswandel andererseits. Er sagte wörtlich: „Es geht offensichtlich im faktischen Leben zusammen. Die Mädchen auf dem Petersplatz, die dem Papst zujubeln, haben die Pille in der Tasche."[18] Dieser Satz rief sofort Kardinal Meisner auf den Plan, der ungewöhnlich scharf austeilte: Manche Erwachsene bedienten sich der Jugend, um ihren eigenen Lebensstil zu rechtfertigen. Er sagte wörtlich: „Da hat es viele junge Menschen getroffen, dass selbst ein Bischof gesagt hat, dass die Jugendlichen auf dem Petersplatz in Rom dem Papst zujubeln – die Jungs mit Kondomen, die Mädchen mit der Pille in der Tasche."[19] Mit dieser Bemerkung, so Meisner, habe Lehmann viele Jugendliche tief verletzt.

In dieser eigenartigen Auseinandersetzung zweier Kardinäle erklärt der eine – Meisner – die bloße Beschreibung einer Wirklichkeit, die von zahllosen

Jugendstudien belegt ist, zur Beleidigung. Der andere – Lehmann – belässt es bei der Beschreibung und ist nicht in der Lage, eine Bewertung vorzunehmen. Oder er hat sie bewusst vermieden. Beides ist alarmierend und ein Indiz für die tiefe Krise kirchlicher Sexualmoral. Viele Katholiken trauen nämlich ihrer Kirche schon lange nicht mehr zu, ihnen wirklich lebensdienliche, verlässliche Weisungen zu geben. Die Glaubwürdigkeit der gesamten kirchlichen Sexualmoral steht damit auf dem Spiel oder ist faktisch verspielt, wenn eine überwältigende Mehrheit sogar der praktizierenden Katholiken sie für irrelevant erklärt.

Auslöser für diese Krise war 1968 die Enzyklika von Papst Paul VI., „Humanae vitae". Hierbei geht es um das Verbot der künstlichen Empfängnisverhütung. In weiten Teilen der Weltkirche – nicht nur in Europa und Nordamerika, sondern auch in den jungen Kirchen Afrikas und Asiens – wird diese päpstliche Weisung in einer Dramatik ignoriert, wie es das in der Kirchengeschichte bisher nicht gegeben hat. Das eine vom Lehramt vorgelegte Aussage von einer Mehrheit selbst der praktizierenden Katholiken abgelehnt wurde, war eine ganz neue Erfahrung für die Kirche. Und es hat der katholischen Kirche insgesamt einen ungeheuren Vertrauens- und Autoritätsschwund eingetragen. Wenn nämlich der kirchliche Autoritätsanspruch in einem so zentralen Bereich wie der Sexualität, die für das Leben der Menschen von existentieller Bedeutung ist, nicht mehr durch die Erfahrung gedeckt ist und innerlich bejaht wird, dann leidet die Autorität der Kirche insgesamt.

Dabei hätte die katholische Kirche doch allen Grund für ein entspanntes Verhältnis zur Sexualität. Christlich gesehen ist sie nämlich zunächst einmal eine höchst positive Kraft. Sie gehört zu Gottes Schöpfungsplan und ist Teil der „Gutheißung", die am Ende des ersten biblischen Schöpfungsberichtes steht. „Gott sah alles an, was er gemacht hatte: Es war sehr gut!"[20]

Wenn nun positive Leitbilder an die Stelle von Verboten treten sollen – und da wäre ich sehr dafür – dann brauchen die Menschen Raum für Erfahrungen, für Versuche und auch für Irrtum. Lediglich „geliehene" Erfahrungen, die sich aus irgendwelchen Vorschriften Dritter speisen, wirken nur selten motivierend. Das gilt auch für die Sexualität. Sie zeichnet sich beim Menschen in besonderer Weise durch die Freude am Experiment aus. Als Experimentierfeld aber bietet die katholische Kirche lediglich die Ehe an. Für Sex vor der Ehe oder in nichtehelichen Partnerschaften gibt es keinen legitimen Raum.

Es geht nicht nur um Sex

Die Kirche ist in der Bewertung der Sexualität leider schon lange aus der Zeit gefallen. Sie hat den Wandel ethischer Normen in den letzten 50 Jahren völlig ignoriert. Dabei geht es mir nicht darum, etwas zu relativeren. Mit „Relativismus" hat das nichts zu tun. Früher galt die Vorschrift „kein Sex vor der Ehe" nur für eine kurze Spanne zwischen der Geschlechtsreife und der doch sehr frühen Heirat. In dieser Zeit sollte die Liebesfähigkeit und die Treue zum späteren Lebenspartner nicht gefährdet werden durch sexuelle Erfahrungen vor der Ehe und erst recht nicht durch ein uneheliches Kind. Ohne wirksame, leicht verfügbare Mittel der Empfängnisverhütung war Enthaltsamkeit der einzig sichere Schutz vor einer ungewollten Schwangerschaft.

Heute aber ist aus einer kurzen „Übergangsfrist" ein eigenständiger Lebensabschnitt geworden. Die Geschlechtsreife tritt um mehrere Jahre früher ein als noch vor wenigen Generationen. Das soziale Erwachsenwerden und auch das Heiratsalter haben sich deutlich nach hinten verlagert, z. B. wegen der langen Ausbildungszeiten. Die Entwicklungspsychologie begreift die Adoleszenz nicht mehr als bloße Durchgangsstufe im Übergang zum Erwachsenenalter, sondern als eigenständige Lebensphase. Wenn die nun zehn oder fünfzehn Jahre dauert, dann wird die früher einmal lebensdienlich gemeinte Norm vorehelicher sexueller Enthaltsamkeit für viele Menschen lebensfremd oder schlicht unpassend. An die Stelle der früheren Verlobungszeit sind nichteheliche Partnerschaften getreten – allerdings mit dem Unterschied, dass die sexuelle Praxis nicht mehr am Ende steht, sondern meistens die Basis bildet, auf der die Partner prüfen, ob sie auch sonst zusammenpassen.

Junge Katholiken, die noch ein Verhältnis zum Glauben und zur Kirche haben, haben für sich längst einen Perspektivwechsel vollzogen. Sie bejahen die Ehe als Leitbild, sie leben aber die Vorstufen dazu genauso selbstverständlich wie ihre Altersgenossen, die mit Glauben und Kirche nichts am Hut haben. Wenn die Kirche solche Beziehungen am Leitbild der Ehe als vollendete Form gelebter Partnerschaft und Sexualität misst, dann sollte sie ihrerseits auch nicht vom „Defizitären" ausgehen. Es gibt ein Hineinwachsen des Menschen in tragende Erfahrungen des Lebens. Und man wird auch nicht pauschal sagen können, dass junge Erwachsene in ihren Beziehungen oberflächlich oder unverantwortlich sind. Sie haben z. B. einen großen Sinn für Treue – zwar nicht gleich für ein ganzes Leben, wohl aber für die Dauer einer Beziehung. Dabei handelt es sich sogar um eine ausgesprochen sensible Norm. Sie ist ein sehr zuverlässiger Kompass für das, was mit einer ernst gemeinten Partnerschaft vereinbar ist und was nicht.

Einerseits gehen die Menschen heute ungezwungener und unverkrampfter mit ihrer Sexualität um. Andererseits sind die Verletzungen, die sie einander zufügen, dadurch aber keineswegs geringer geworden. Und vielleicht stellen Männer ebenso wie Frauen am Ende einer Partnerschaft enttäuscht fest, dass sie mehr Nähe zugelassen haben, mehr an Intimität preisgegeben haben, als sie es im Nachhinein gewollt hätten. Aber auch aus solchen Erfahrungen lässt sich lernen – sorgsamer zu werden auf der Suche nach einem Partner, wählerischer, anspruchsvoller.

Bei fast allen anderen Lebewesen auf dieser Welt gehört die Sexualität in eine bestimmte, zeitlich eng umrissene "Brunftzeit", sie dient in erster Linie der Fortpflanzung. Dass sie beim Menschen noch weitere Funktionen hat und nicht an die fruchtbaren Zeiten der Frau gebunden ist, sollte uns nachdenklich machen. Ist es nicht eine Gabe des Schöpfers, dass die Sexualität des Menschen anders ist, dass sie auch dazu dient, Liebe, Zärtlichkeit, Gefühle auszutauschen und die Bindung zwischen zwei Menschen zu stärken

und das Band der Liebe spürbar zu machen? Ich glaube, es fehlt in der Kirche die rechte Sprache und die rechte Freude an der Schönheit der Sexualität. Sehr eindrucksvoll zeigte sich das vor einigen Jahren an dem Hype um den polnischen Kapuzinerpater Ksawery Knotz. Er schreibt Bücher mit Titeln wie „Sex ist göttlich – die Erotik eines Katholiken"[21] und „Sex wie Gott ihn gewollt hat"[22]. Bei ihm liest man Sätze wie: „Der körperliche Akt ist (...) ein Gebet, das die Liebenden in diesem Moment vor Gott sprechen – ein wirkliches Gebet vor dem Akt kann auch tatsächlich dabei helfen, die Anwesenheit von Gott noch stärker zu spüren. Ein erfülltes Liebesleben ist ein Weg, sich Gott zu nähern." Sind wir doch mal ehrlich: Soweit ich weiß, sind diese Bücher bis heute nicht einmal im Weltbild-Verlag in deutscher Übersetzung verfügbar. Selbst im aufgeklärten „christlichen" Deutschland können wir also noch etwas lernen. Und was in der säkularen Gesellschaft (und Öffentlichkeit) manchmal zu viel ist, das fehlt uns leider in der Kirche. Wie wäre es, von P. Ksawery Knotz zu lernen und die Sache Sex und Kirche viel, viel positiver rüber zu bringen?

Formen gelebter

Partnerschaft

Paar-Bildung und Paar-Bindung

„Einzig die Ehe ist Ehe, nichts sonst. Die Ehe ist kein Allerlei. Sie hat in allen Kulturen einen besonderen, hohen Anspruch und eine besondere, höchste Würde, was sich in den einzigartigen Festen der Eheschließung universal manifestiert. Die Ehe ist ein Geschenk der Schöpfung an den Homo sapiens sapiens, den weisen, weisen Menschen. Von Gott. Heilig. Und das ist auch gut so."[23] So kommentiert Johannes Röser, der Chefredakteur der Zeitschrift „Christ in der Gegenwart". Er stellt fest, dass es trotz vieler Beziehungskrisen für den Menschen als Individuum und Gemeinschaftswesen nichts Besseres gäbe als Ehe und Familie. Andere Beziehungsformen nimmt er zwar zur Kenntnis, aber für ihn scheinen klassische Ehen und Familien allein anerkennens- und schützenswert zu sein, wenn er formuliert: „ ... es ist am besten, wenn Mann und Frau sich in partnerschaftlicher Ehe lebenslang einander treu verpflichten und wenn sie verantwortungsvoll in Liebe Kinder zeugen und aufziehen. Der Anspruch ist hoch, die Menschen werden vor ihm immer wieder versagen, sündigen. Dennoch gibt es nichts Besseres in guten wie in schlechten Tagen, Barmherzigkeit und Vergebung eingeschlossen."[24]

Sicher gibt es keine Argumente gegen die Ehe von Mann und Frau, warum auch? Es gibt auch nichts gegen die klassische Familie einzuwenden. Aber widersprechen muss ich Johannes Röser, wenn er damit unterstellt, als gäbe es in anderen partnerschaftlichen Lebensformen weder lebenslange Treue noch Verantwortungsbereitschaft – auch für z. B. adoptierte Kinder. Ist das nicht auch Familie? Nicht wie gewohnt, nicht Frau und Mann und Kind(er), aber deshalb doch nicht schlechter oder weniger wert(voll). Und mit Barmherzigkeit, Versöhnungsbereitschaft und Vergebung leben und überleben auch andere Partnerschaften sehr gut.

Viele (auch junge) Menschen – und zwar mehr als je zuvor – wünschen sich Stabilität in ihrer Partnerbeziehung, zwar nicht bis der Tod sie scheidet, wohl aber bis die Liebe stirbt. Mit diesem Interesse an Paar-Bildung und Paar-Bindung – zumindest auf möglichst längere Zeit – geht eine weitere Suche einher: Junge Leute wünschen sich wieder stärker Romantik und Treue. Die ausschließliche Treue soll wenigstens solange gelten, solange die Beziehung besteht.

Das ist eindeutig eine Abkehr von früheren konsumorientierten Sexgeboten und einer erzwungenen Liberalisierung. Gerade jüngere Menschen wünschen sich Nähe und Geborgenheit in einer Gesellschaft,

in der die Sexualmoral abgeschafft und durch eine Verhandlungs- bzw. Konsensmoral ersetzt wurde. Sie verlangen nach einer Echtheit in einer Erlebniswelt, in der es mehr Befriedigungsangebote als Wunschpotentiale gibt und in der die Übersexualisierung dazu geführt hat, dass erotische und sexuelle Stimulationen an Wirksamkeit verlieren.

Die Kinder und Enkelkinder der sexuellen Revolution wissen, wie brüchig alles ist, auch beim Sex, bei der Liebe, der erhabenen Ehe. Die Versachlichung der Sexualität auf der kleineren Flamme der Gefühle hat gute Gründe: Die jüngere und junge Generation, die im Wohlstand aufgewachsen ist, weiß, dass Konsum keine Stabilität verleiht. Wo in einer hochmobilen, hochflexiblen und unsicheren Kultur traditionelle Beziehungen unmöglich werden oder leicht zerbrechen – bis zur Scheidung der Eltern –, wo man um Bindungen stets kämpfen muss, will man abseits von Schule, Arbeit und Freizeitstress sich einen kleinen behüteten Raum schaffen für wenigstens ein bisschen Geborgenheit, ein bisschen Liebe, ein bisschen Frieden: im Sexuellen – mit einem Partner, der sich zumindest für gewisse Zeit auf einen einlässt. Lieber einen Hauch provisorischer Harmonie als den großen Zauber der Erfüllung, den es so gar nicht gibt.

Das heißt aber nicht, dass die Paar-Bildung in diesen nüchternen Zeiten das Rätselhafte, das Geheimnisvolle der Polarität von Mann und Frau preisgibt. Sex ist für junge Leute von heute nicht mehr das ganz große Mysterium, sondern etwas Besonderes im Alltäglichen. Dazu muss man auch nicht mehr zuhause ausziehen. Die Fünfzehnjährigen bringen ihren Freund, ihre Freundin mit nach Hause und verbringen die Nacht miteinander im Kinderzimmer neben dem Schlafzimmer der Eltern. Der Sex der jungen Leute ist heutzutage weitgehend ins Familienleben integriert. Aus christlicher Perspektive mag dieser Befund erst einmal erschrecken oder zumindest befremden. Doch bei genauerem Hinsehen zeigt sich, dass trotz aller Abbrüche gewisse Grund-Neigungen, die für die Zukunft verantworteter Paar-Bildung und Paar-Bindung wichtig sind, nicht einfach verschwinden – im Gegenteil. Trotz freizügiger sexueller Gewohnheiten deuten sich eine gewisse Wertschätzung von Dauerhaftigkeit und Treue sowie partnerschaftlicher Dialogfähigkeit im Sexualleben an. Auf breiter Ebene wird anerkannt, dass es eben nicht gut ist, wenn der Mensch allein ist; dass er nicht zum Single-Dasein angelegt ist, sondern dazu, einen einzigen und verlässlichen Partner zu haben, der zu einem steht.

Eheähnliche Partnerschaften und Ehesakrament

Nichteheliche oder eheähnliche Partnerschaften –
wie immer man diese Partnerschaften auch bezeichnen will – werden vom kirchlichen Lehramt bis heute
vor allem dann nicht akzeptiert, wenn in ihnen die
Geschlechtsgemeinschaft realisiert wird. Nach kirchlicher Lehre ist diese allein der sakramentalen Ehe
vorbehalten. Am Beispiel von wiederverheirateten
Geschiedenen kann man das an einem Schreiben der
Kongregation für die Glaubenslehre an die Bischöfe
aus dem Jahr 1994[25], unterschrieben vom damaligen
Präfekten Joseph Kardinal Ratzinger, deutlich machen. Die Glaubenskongregation zitiert darin aus dem
Apostolischen Schreiben Familiaris consortio von Johannes Paul II. aus dem Jahr 1982: „Für die Gläubigen, die in einer solchen ehelichen Situation leben,
wird der Hinzutritt zur heiligen Kommunion aus-
schließlich durch die sakramentale Lossprechung eröffnet, die »nur denen gewährt werden kann, welche
die Verletzung des Zeichens des Bundes mit Christus und der Treue zu ihm bereut und die aufrichtige
Bereitschaft zu einem Leben haben, das nicht mehr
im Widerspruch zur Unauflöslichkeit der Ehe steht.
Das heißt konkret, dass, wenn die beiden Partner aus
ernsthaften Gründen – zum Beispiel wegen der Er-

ziehung der Kinder – der Verpflichtung zur Trennung nicht nachkommen können, sie sich verpflichten, völlig enthaltsam zu leben, das heißt, sich der Akte zu enthalten, welche Eheleuten vorbehalten sind"[26]. In diesem Fall können sie zur heiligen Kommunion hinzutreten, wobei die Pflicht aufrechterhalten bleibt, Ärgernis zu vermeiden."[27]

An diesem Beispiel wird deutlich, worum es geht: Die Geschlechtsgemeinschaft bleibt allein der rechtmäßigen, kirchlichen Ehe vorbehalten. Die Partner leben dann in schwerer Sünde, wenn sie nicht in der Lage sind, enthaltsam, also miteinander wie Bruder und Schwester zu leben. Die Folge ist: Sie dürfen nicht zur Kommunion gehen. Dieses Lehrschreiben ist gerade einmal 24 Jahre alt. Seitdem ist nicht viel Zeit vergangen – zumindest nicht nach Maßstäben und Zeitrechnung der katholischen Kirche. Wenn man es heute liest, bekommt man einen anderen Eindruck. Aber vieles ist seitdem passiert und inzwischen hat Papst Franziskus mit seinem Schreiben „Amoris laetitia"[28] andere Wege eröffnet; dafür kann man wirklich nur dankbar sein.

Der voreheliche Geschlechtsverkehr wird nach offizieller kirchlicher Lehre nach wie vor als Unzucht[29] bezeichnet, wenngleich im Beschluss der Würzburger Synode zur christlich gelebten Ehe und Familie[30]

Differenzierungen vorgenommen werden und die Diözesansynode Hildesheim[31] zu bedenken gibt, ein nichteheliches Zusammenleben als eine Form der Vorbereitung auf die sakramentale Eheschließung zu sehen.

Außerdem ist das Nebeneinanderbestehen von ehelichen und nicht ehelichen Partnerschaften – nicht nur für junge Menschen – selbstverständlich. Viele sind mit nicht verheirateten Eltern aufgewachsen und haben Freunde, deren Eltern verheiratet sind und umgekehrt. Viele haben auch die schmerzliche Erfahrung gemacht, dass die Ehe der Eltern zerbrochen ist.

Noch ein Wort zur kirchlichen Ehe: Nach Glaube und Lehre der katholischen Kirche besteht die Ehe, die beide Partner miteinander eingehen, wesentlich in der ausschließlichen und unauflöslichen Lebensgemeinschaft eines Mannes und einer Frau bis zum Tod. (Wobei wir in der katholischen Kirche auch darüber diskutieren sollten, was denn mit „Tod" gemeint ist. Was ist, wenn die Liebe gestorben und „tot" ist und die Treue nicht mehr gelebt wird?) Eine Ehe im kirchenrechtlichen Sinn ist ihrer Natur nach auf das gegenseitige Wohl sowie auf die Zeugung und Erziehung von Kindern hingeordnet. Die Ehe von Getauften ist ein Sakrament. Alle Partner, die eine vor der

Kirche gültige Ehe schließen möchten, müssen durch ihr Jawort erklären, dass sie keinen Kernbereich der Ehe ausschließen, weder die eheliche Treue, noch die Unauflöslichkeit, noch die Hinordnung auf das beiderseitige Wohl und auf Nachkommenschaft.

Homosexuelle Partnerschaften

Aussagen zur Homosexualität müssen immer in den größeren Horizont des christlichen Verständnisses vom Menschen gestellt werden. Deshalb kommt der Betonung der Personalität des Menschen auch eine große Bedeutung zu. Alle Menschen haben in dieser Perspektive die anspruchsvolle Aufgabe, ihre Sexualität in ihr Personsein zu integrieren. Das bedeutet, Sexualität ist keine geheimnisvolle oder gar dämonische Macht, die dem Menschen aufgezwungen ist, mit der er sich irgendwie herumschlagen muss oder vor der er gar Angst haben müsste; sie ist im Gegenteil gottgeschenkte Lebenskraft und ein wichtiger Teilaspekt menschlicher Vitalität. Sie ist vor allem Geschenk und Gabe. Jeder einzelne Mensch, jede Person muss sich also irgendwie zur eigenen, individuellen Sexualität verhalten – und das möglichst positiv und lebensdienlich.

Wenn die Personalität bei Fragen der Sexualität so sehr betont wird, dann muss man auch die Frage nach Verantwortung und Verantwortlichkeit des Menschen eigens akzentuieren. Verantwortung und Verantwortlichkeit sind sowohl für hetero- wie homosexuelle Menschen wichtige Dimensionen zwischenmenschlichen Verhaltens. Seelsorge und seelsorgliches Han-

deln kann dazu beitragen, dass Menschen lernen können, wie Beziehungen – ganz gleich ob homo- oder heterosexuell – verantwortlich gestaltet werden können.

Es setzt sich immer mehr die Überzeugung durch, dass Homosexualität als irreversible Orientierung nicht in den Bereich persönlicher Schuld gehört. So empfiehlt sich für die Kirche in allen Bereichen, von jeder vorschnellen Bewertung der Homosexualität Abstand zu nehmen und gerade so den Respekt zu bekunden, der jedem Menschen gebührt. Pastorales Handeln kann einen Beitrag dazu leisten, dass Vorurteile und Diskriminierungen überwunden werden.

Einen besonderen – unterstützenden – Beitrag kann die Seelsorge und seelsorgliches Handeln dazu erbringen, dass homosexuelle Menschen lernen zu ihrer Homosexualität zu stehen. Das ist bis heute deshalb schwierig, weil Homosexuelle – auch in der Kirche – nach wie vor einer Wand von Vorurteilen begegnen. Zum verantwortlichen Umgang mit der Sexualität gehört die Akzeptanz der eigenen Veranlagung, weil gerade sie eine verantwortliche Entscheidung über das eigene Verhalten möglich macht.

Homosexuelle Menschen haben einen Anspruch, ja geradezu ein Recht auf seelsorgliche Begleitung und Unterstützung auf ihrem Weg, ihr Leben selbst verantwortlich zu gestalten. Diese muss selbst so vorurteilsfrei wie irgend möglich sein.

Kirchliche Öffentlichkeitsarbeit und pastorales Handeln können dazu beitragen, dass Homosexualität nicht mit Pädophilie in Verbindung gebracht wird und so die Urteilsbildung aller Christinnen und Christen fördern. In der Seelsorge wird immer darauf zu achten sein, dass psychopathologische Störungen unzweideutig vom Phänomen der Homosexualität abzugrenzen sind.

In der Seelsorge und im öffentlichen kirchlichen Diskurs wird darauf zu achten sein, dass homosexuelle Partnerschaften nicht mit der Ehe gleichgesetzt werden. Das biblische Verständnis der Ehe zwischen Frau und Mann als Raum von sexueller Partnerschaft darf nicht unterlaufen werden. Homosexuelle Partnerschaften, die darum bemüht sind, eine personale Beziehung zu leben, benötigen allerdings ohne Wenn und Aber die Anerkennung ihrer verantwortlich gelebten Beziehung – auch im Raum der Kirche.[32]

Zusammenfassend kann man sagen: Wir brauchen ein gemeinsam entwickeltes Ethos von Beziehungen und Sexualität, das Menschen zum Lieben ermutigt und wirklich zum Leben hilft. Und es gab und gibt – Gott sei Dank – in der Kirche auch solche Beispiele: Kardinal Basil Hume forderte bereits 1995, dass „unsere

Kirche homosexuelle Frauen und Männer nicht nur als vollwertige Menschen anerkennen soll", sondern „in ihren aufrichtigen Liebesbeziehungen auch eine Liebe zu akzeptieren bereit sein muss, die das göttliche Konzept zwischenmenschlichen Zusammenseins anreichert und zur höchsten Blüte führen kann."[33] – Und im April 2010 plädierte der Wiener Kardinal Christoph Schönborn für einen Wandel hin zu einer „Moral des Glücks" und konkretisierte dies so: „Beim Thema Homosexualität etwa sollten wir stärker die Qualität einer Beziehung sehen. Und über diese Qualität auch wertschätzend sprechen."[34] Dem braucht man nicht mehr viel hinzuzufügen.

Mit kirchlichem Segen?

Die „Ehe für alle"

Ob es vom Gesetzgeber klug war, den Begriff Ehe auch für die Trauung von homosexuellen Paaren zu verwenden – umgangssprachlich „Ehe für alle" – zu verwenden, das kann man sicher diskutieren, zumal auch das Verfassungsrecht davon tangiert ist. Aber es kommt immer wieder vor, dass verfassungsrechtliche Begriffe durch den Gesetzgeber als den „Erstinterpreten der Verfassung" (Paul Kirchhof)[35] geprägt werden. Daraus folgt, dass ein gewandeltes Bild der Ehe (Beziehung von Gleichgeschlechtlichen) ebenfalls durch den Gesetzgeber rechtliche Form und demokratische Legitimation erlangt hätte. In dieser Sicht gäbe es also zwei Ehebegriffe, einen verfassungsrechtlichen und einen gesetzlichen – wie beispielsweise beim Eigentum auch. Die Funktion des verfassungsrechtlichen Begriffs läge weiterhin darin, die „klassische" Ehe zu schützen und deren Benachteiligung oder Abschaffung ebenso zu verhindern wie ein Recht auf Eheschließung zu garantieren. Was aber nimmt der Gesetzgeber mit dem neuen Ehebegriff den Partnern einer klassischen Ehe weg? Ein Freiheitsverlust ist nicht zu erkennen und ein Gebot, gleichgeschlechtliche Paare zu benachteiligen, wird sich aus dem Artikel 6 des Grundgesetzes nicht herleiten lassen.

Manche sich liberal wähnende Menschen behaupten, nichts gegen Homosexuelle zu haben. Sie finden es „nur" nicht gut, wenn diese heiraten wollen. Gemeint ist: „Du bist in Ordnung, wie du bist. Du sollst nur nicht dieselben Rechte haben wie ich." – Auf diese Art des Zuspruchs können die Betroffenen vermutlich leichter verzichten als auf den bislang verwehrten Rechtsstatus.

Warum also wird zur Ablehnung einer „Ehe für alle" immer wieder die traditionelle Familie – also Mann, Frau und Kinder – angeführt? Warum soll eine Ehe exklusiv die Verbindung von Mann und Frau sein mit dem Ziel, die Zeugung von Kindern erreichen zu können? Es ist vollkommen klar, dass die Ehe ein guter Ort ist, um Kinder zu bekommen und diese groß zu ziehen. Der gesellschaftliche Wert der Ehe erschöpft sich aber doch nicht darin. Das Problem an dieser Argumentation ist, dass sie sich zwar gegen gleichgeschlechtliche Paare richtet, aber bei genauerer Betrachtung beschädigt sie dadurch die Ehe selbst als werteorientierte Institution, in der Subsidiarität und Verantwortung gelebt wird. Deshalb sollte die „Ehe für alle" gerade für konservative Menschen ein hohes Gut sein.

Außerdem: Was soll ich als Seelsorger den Ehepaaren erzählen, die 40, 45, 50 Jahre und noch länger verhei-

ratet sind und deren Kinder schon lange ihr eigenes Leben führen? Soll ich ihnen sagen, dass die letzten Ehejahre, in denen die Kinder aus dem Haus waren, keinen „Wert" hatten? Dass sie sich ab dem Moment, wo sie nicht mehr miteinander das Ziel verfolgten, Kinder zu zeugen, genauso gut hätten scheiden lassen können? Was erzähle ich Ehepaaren, die biologisch gar nicht in der Lage sind, Kinder zu bekommen? Dass sie das mit «in guten und in bösen Tagen» nicht so ernst nehmen sollen und dass sie einen Haken hinter die Geschichte machen können?

Für mich ist der Ansatz klar: Es geht darum, die Ehe als werteorientierte Institution zu stärken, indem wir allen, die das für sich wünschen, es ermöglichen, sich zu den damit verbundenen Werten zu bekennen. Denn das macht den eigentlichen Wert der Ehe aus: sie ist der stabilisierende Kern gesellschaftlichen Lebens, in dem Verantwortung und Subsidiarität gelebt wird. Sie ist der Kern und das verknüpfende Element von Familien, zu denen eben nicht nur das Ehepaar und eventuelle Kinder gehören, sondern auch Eltern und Schwiegereltern, Geschwister und die restliche Verwandtschaft. Deswegen stehen Ehe und Familie unter dem besonderen Schutz der staatlichen Ordnung - und das vollkommen zu Recht! Aber eben Ehe und Familie und nicht nur die Familie im klassischen Sinn.

Und die katholische Tradition? Hier muss differenziert werden: Während das alte Kirchenrecht von 1917 die Ehe als Vertrag und „Heilmittel der Begierde"[36] beschreibt, dessen erster Zweck die Fortpflanzung ist, stellt das Zweite Vatikanische Konzil die personale Kategorie „Gemeinschaft der Liebe"[37] an die erste Stelle und setzt damit spürbar neue Akzente. Ehe ist nicht mehr „Vertrag", sondern „Bund", in dessen Zentrum das Wohl der Partner steht – so das neue Kirchenrecht.[38]

Allerdings sagt das Konzil auch: „Durch ihre natürliche Eigenart sind die Institution der Ehe und die eheliche Liebe auf die Zeugung und Erziehung von Nachkommenschaft hingeordnet und finden darin gleichsam ihre Krönung."[39] – Sind Schwule und Lesben also doch außen vor? Hier kommt eine unscheinbare und kaum beachtete Norm ins Spiel: „Unfrucht-barkeit macht die Eheschließung weder unerlaubt noch ungültig."[40] Anders formuliert: Die Möglichkeit, Kinder zu bekommen ist nicht Bedingung einer Ehe, sondern ihre „Krönung". Damit gibt es kein einziges Unterscheidungskriterium zwischen der Ehe von Mann und Frau und derer von zwei Frauen oder Män-nern, die alle gleichermaßen gut oder schlecht die Wesenseigenschaften der Ehe, d. h. Treue, Einheit und Unauflöslichkeit, leben können.

Wie reagieren wir als Kirche?

Wenn zwei Menschen gleichen Geschlechts heiraten wollen, weil die Ehe für sie eine Institution ist, in der man füreinander, aber auch für die Gesellschaft Verantwortung übernimmt, weil man sich zu gemeinsamen Werten (z. B. Liebe, Treue, Geborgenheit, gegenseitiges Wohl) bekennt, die ja auch für den Staat stabilisierenden Charakter haben, dann ist das auch von Seiten der Kirche anzuerkennen. Wenn also in diesem Sinne ein homosexuelles Paar vor dem Staat und dem Gesetzt eine Ehe miteinander eingehen will, dann kann ich das nur begrüßen. Und wenn die beiden anschließend zu mir kommen, um für sich und ihre standesamtliche Ehe um den Segen Gottes zu bitten, weil sie ganz bewusst in ihrer Ehe auch als Christen leben (wollen) und weil ihnen der Zuspruch und der Segen Gottes wichtig sind – wer bin ich, dass ich ihnen diesen Segen verweigere?

Ich spreche hier ausdrücklich nicht von einer Ehe im kirchenrechtlichen Sinn, sondern von einer bürgerrechtlichen, zivilen Ehe mit allen Rechten und Pflichten. Aber es spricht doch nichts dagegen, dass sich an die zivile Eheschließung eine kirchliche Segensfeier anschließt. Da wo zwei Menschen, Frau und Frau, Mann und Mann, sich gefunden haben und miteinander in Verantwortung füreinander ihr Leben christlich gestalten wollen und die sich – außerdem – auch noch lieben, warum sollte ich solch einem Paar den Segen Gottes verweigern? Das erschließt sich mir nicht.

An dieser Stelle möchte ich noch einmal kurz auf das verweisen, was schon an anderer Stelle angeklungen ist: Es bringt herzlich wenig, immer wieder auf den Katechismus und die angeblich einschlägigen Bibelstellen hinzuweisen, die zu den Themen „Ehe für alle" und Homosexualität fälschlicherweise angeführt werden. Denn das, was wir heute unter homosexueller Liebe und Partnerschaft verstehen, taucht weder in der Bibel noch im Katechismus auf. Paulus unterstellt z. B. eine freie Entscheidung zur Homosexualität (was nach aktuellem Stand der Wissenschaften falsch ist) und hat nur sexuelle Akte vor Augen. Er denkt nicht im Geringsten an gleichgeschlechtliche Liebe.

Die Bibel – und das mag für fundamentalistische Ohren unerfreulich sein – ist argumentativ wenig hilfreich, die Ehe für gleichgeschlechtliche Paare abzulehnen. Nimmt man die genannten Stellen im Kontext, wie es das Zweite Vatikanische Konzil[41] fordert, liefert weder das Erste Testament noch das Zweite Testament eine Grundlage für die pauschale Missbilligung. Ganz vorbei ist es mit dem biblizisti-

schen Spaß, wenn man sich vor Augen führt, welches Konzept von Ehe und Familie das Erste Testament im Hinterkopf hatte: Es ging nur um rein wirtschaftliche Absicherung und um die Herstellung legitimer Erben. Der hebräische Wortstamm sowohl für „Ehemann" als auch „Ehefrau" macht deutlich, dass „Hochzeit" im biblischen Sinn völlig unromantisch bedeutete: Die Frau ging vom Besitz des Vaters in den Besitz des Mannes über. Dort hatte auch die Mitgift ihren historischen Ort und noch heute findet sich ein Überbleibsel dieses Verständnisses im Brauch, dass der Vater die Braut zum Altar führt (was aus heutiger Sicht übrigens völlig daneben ist!). Mit dem romantischen Sinn einer Liebeshochzeit im heutigen Sinn hatte das alles wenig zu tun. Deshalb ist kritisch zu hinterfragen, ob „das" biblische Eheverständnis überhaupt relevant oder normativ für diese Diskussion sein kann.

Ich hoffe sehr, dass der Beitrag des Mainzer Moraltheologen Stephan Goertz zu diesem Thema nicht wirkungslos bleibt, wenn er schreibt: „Die Segnung einer homosexuellen Lebenspartnerschaft bejaht und preist das in ihr erfahrene Glück und spricht den Partnern die Nähe und Treue Gottes zu. Immer wieder bitten schwule oder lesbische Paare um diesen Segen. Viele Priester wollen solche Paare nicht zurückweisen und nehmen dafür mitunter kirchliche Konflikte in Kauf. In Zukunft werden (nach staatlichem Recht) gleichgeschlechtliche Eheleute und nicht mehr Lebenspartner um den Segen bitten. Vielleicht werden sie auch in einem kirchlichen Arbeitsverhältnis stehen. Ist die Kirche bereit, das Gute und Richtige in homosexuellen Ehen anzuerkennen, würde dies auch Verkrampfungen im Umgang mit homosexuellen Seelsorgerinnen und Seelsorgern lösen. Sie würde von den menschlichen Qualitäten und nicht den Defiziten von Homosexuellen sprechen. Die Kirche könnte in sich gehen und Abbitte bei denen leisten, in deren Biografien sie in der Vergangenheit gewütet hat."[42]

Wenn zwei Frauen (oder Männer)
um den Segen bitten

Es wäre zu schön um wahr zu sein, wenn Äußerungen verschiedener katholischer Bischöfe, die sie im Nachklang zur am 1. Oktober 2017 eingeführten „Ehe für alle" gemacht haben, dazu führten, dass sich die Einstellung der Kirche gegenüber homosexuellen Partnerschaften verändern würde. Schon als im Juni 2017 im Deutschen Bundestag die Entscheidung dazu fiel, ließ eine erste Stellungnahme des Berliner Erzbischofs Heiner Koch, der in der Bischofskonferenz für Ehe und Familie zuständig ist, aufhorchen. Am Ende seiner Ausführungen sagte er: „Als Kirche haben wir Respekt für jene gleichgeschlechtlichen Partnerschaften, in denen über viele Jahre hinweg gegenseitige Verantwortung und Fürsorge übernommen wird."[43]

Anfang des Jahres 2018 sprach der Vorsitzende der Deutschen Bischofskonferenz, Kardinal Reinhard Marx, in einem Interview mit der Zeitschrift „Herder Korrespondenz" von seiner Überzeugung, dass homosexuelles Verhalten nicht objektiv, ohne den „Blick auf die Gewissenssituation des Einzelnen" als schwere Sünde qualifiziert werden dürfe.[44] Einige Wochen später ging er noch einen Schritt weiter, als er in einem Interview des Bayrischen Rundfunks Segnungen homosexueller Partnerschaften im Einzelfall in Aussicht stellte und dazu folgendes sagte: „Da muss man auch ermutigen dazu, dass die Priester und Seelsorger den Menschen in den konkreten Situationen auch einen Zuspruch geben. Ich sehe da eigentlich keine Probleme." Ein generelles und weltweites Ja zu einer Segnung von homosexuellen Beziehungen sei dies aber nicht. „Es gibt Dinge, die lassen sich nicht regeln", so Marx.[45]

Zuvor hatte sich sein Stellvertreter, Bischof Franz-Josef Bode, in der „Neuen Osnabrücker Zeitung" für eine differenzierte Bewertung homosexueller Partnerschaften ausgesprochen: „Man muss immer mitbedenken, woher die Kirche kommt. Mancher mag sagen: Was hat denn die Kirche überhaupt für ein Problem damit? Aber oft wird in der Kirche eine gleichgeschlechtliche Beziehung zuerst als schwere Sünde eingeordnet. Wir müssen darüber nachdenken, wie wir eine Beziehung zwischen zwei gleichgeschlechtlichen Menschen differenziert bewerten. Ist da nicht so viel Positives, Gutes und Richtiges, dass wir dem gerechter werden müssen? Man kann zum Beispiel über eine Segnung nachdenken – die nicht zu verwechseln ist mit einer Trauung."[46]

Im Nachklang zum Interview von Bischof Bode hat sich der Liturgiewissenschaftler Benedikt Kranemann

aus Erfurt bei katholisch.de folgendermaßen geäußert: „Wenn ich Segen so verstehe, dass damit jemandem die Nähe Gottes zugesprochen wird, damit Leben gelingen kann, dann bringt das auch die Abhängigkeit des Menschen mit all seinen Lebensbezügen von Gott zum Ausdruck. Menschen die Zusage der Gnade Gottes vorzuenthalten, ist sehr schwierig. Ich halte es für theologisch höchst problematisch, wenn man Menschen solch einen Segen abspricht, den sie für sich als notwendig erachten. Außerdem entfremdet solch eine Vorenthaltung auch die Menschen von Gott. Mit dieser Frage müssen sich Kirche und Theologie sehr ernsthaft auseinandersetzen."[47]

Auch wenn eine sakramentale Eheschließung für gleichgeschlechtliche Paare nicht in Frage kommt, so könnten sie doch für ihre Partnerschaft in einer kirchlichen Feier um Gottes Segen bitten. Das Angebot einer solchen Segensfeier gründet in einem urmenschlichen Bedürfnis: „Der Mensch ist segensbedürftig. Er verlangt nach Heil, Schutz, Glück und Erfüllung seines Lebens. Darum sprechen sich Menschen gegenseitig Segen zu. Vor allem erhoffen und erbitten sie Segen von Gott."[48]

Dem Angebot einer Segensfeier liegt die Überzeugung zugrunde, dass im gemeinsamen Leben der Partner(innen) sittlich Gutes da ist: Treue, Fürsorge,

Verantwortung, Verpflichtung. Dieses Gute verdient Gutheißung und ist, wo Glauben ins Spiel kommt, segenswürdig. Wo es um Liebe und verlässliches Einstehen füreinander geht, sollte Gleiches auch als solches anerkannt werden. Deshalb sollten zwei Frauen (oder zwei Männer) in der Kirche um den Segen Gottes bitten dürfen.

Priester und Sexualität

Priesterausbildung: Worauf es ankommt

Im Dezember 2016 hat die vatikanische Kleruskongregation neue Richtlinien zur Priesterausbildung veröffentlicht – mit einem umstrittenen Kapitel zur Homosexualität.[49] Die letzten vatikanischen Leitlinien waren mehr als 30 Jahre alt und dringend reformbedürftig. Neben der theologischen und spirituellen Ausbildung angehender Priester ist auch die psychologische Reife von großer Bedeutung. Die wird in den neuen Leitlinien nun ausführlich mitbedacht, indem z. B. eine entsprechende psychologische Begleitung vorgesehen ist. Wenn wir etwa auf den Missbrauchsskandal der Kirche schauen, dann spielt das eine große Rolle. Zukünftige Priester müssen einerseits für Anzeichen von Gewalt, Ausbeutung und Missbrauch sensibilisiert werden. Andererseits sollte man überprüfen (können), ob die Kandidaten die Voraussetzungen erfüllen, um nicht irgendwann selbst zu Tätern zu werden. Ein Psychologe kann in Einzelgesprächen und in Kursangeboten die psychische Entwicklung der Kandidaten erfassen. Er kann ihnen helfen, sich mit ihrer eigenen Identität und Sexualität auseinanderzusetzen. Dabei geht es auch um praktische Fragen: Wie gehe ich damit um, wenn ich mich in jemanden verliebe? Und wie, wenn sich jemand in

mich verliebt? Darüber hinaus gibt es mit Blick auf
die Missbrauchsprävention bereits in allen deutschen
Diözesen Leitlinien, die spezielle Kurse für alle haupt-
amtlichen Mitarbeiterinnen und Mitarbeiter der Kirche vorsehen – und damit auch für die Priester.

Wenn man in der Ausbildung auf Fragen der Identität
und der Sexualität zu sprechen kommt, ist es enorm
wichtig, von Beginn an ganz offen über Hetero- und
Homosexualität ins Gespräch zu kommen – auch mit
dem Ziel, dass die Kandidaten erst gar nicht auf den

Gedanken kommen, ein Versteckspiel beginnen zu müssen. Dazu absolut notwendig ist das Vertrauen der Kandidaten in die für die Ausbildung Verantwortlichen. Und dieses Vertrauen kann man nicht machen; man kann als Ausbilder dafür nur „werben" und eine offene Atmosphäre schaffen, in dem man selbst offen und authentisch über diese Fragen spricht und selbst kein Versteck spielt.

Kandidaten müssen dazu stehen, dass sie – egal ob hetero- oder homosexuell – sexuelle Wesen sind und dass sie diese Sexualität auch spüren. Die eigene sexuelle Orientierung muss bejaht und angenommen werden, um mit ihr umgehen zu können. Der spätere Verzicht auf genitale Sexualität bedeutet allerdings nicht, dass ich auf innige, tiefe und menschlich nahe Beziehungen verzichten muss. Wer seine Sehnsucht nach Nähe stillt – auf diese Art und Weise –, kann zumindest einen Teil des sexuellen Verlangens, das immer mitschwingt, neutralisieren. Was allerdings auf keinen Fall passieren darf, ist, die Sexualität zu verdrängen. Dann entstehen die Probleme, die wir in der Kirche zu Genüge kennen. Denn die Sexualität sucht sich immer ihren Weg.

An einem Punkt der neuen Richtlinien für die Priesterausbildung muss man allerdings scharfe Kritik üben: Unterm Strich besagen sie, dass ein homosexueller

Mann niemals zum Priester geweiht werden darf. Das ist ein großes Dilemma, denn nachweislich werden homosexuelle Männer zu Priestern geweiht. Experten schätzen, dass weit über 20 Prozent aller Priester homosexuell sind, manche sprechen von Zahlen bis zu 50 Prozent.[50] Das Problem ist aber, dass es auch für einen Homosexuellen wichtig ist, zu seiner Homosexualität zu stehen und dazu „Ja" zu sagen. Denn es ist nicht nur etwas Genitales, sondern macht das Wesen des jeweiligen Menschen aus. Wenn der nun offiziell „Nein" zu seiner Sexualität sagen muss, weil sie in den Augen der Kirche etwas Schlechtes ist, sagt er auch „Nein" zu sich selbst. Daraus resultiert schlechterdings, dass der angehende Priester natürlich einen Teufel tun wird, sich zu „outen". Die Folge ist, dass er sich eben gerade nicht – wie vorgesehen – mit seiner Sexualität auseinandersetzt. Das kann dazu führen, dass die sexuelle Reife beeinträchtigt wird.

Wenn nun in den neuen Richtlinien festgestellt wird, dass jemand zugelassen werden kann, der „homosexuelle Tendenzen" zeigt, „die bloß Ausdruck eines vorübergehenden Problems" seien, dann ist das völliger Unsinn. Entweder ist man homosexuell oder nicht. Und wenn weiter davon die Rede ist, dass diejenigen nicht zur Weihe zugelassen werden können, die „tief sitzende homosexuelle Tendenzen haben", dann muss man dazu deutlich sagen: Aus wissenschaftlicher Sicht ist diese Formulierung in keiner Weise haltbar. Bereits in den 1970er Jahren hat die amerikanische Gesellschaft für Psychiatrie die Homosexualität aus dem Glossar der psychiatrisch relevanten Symptome gestrichen. Die vatikanische Kleruskongregation übergeht damit einfach den wissenschaftlichen Stand, der davon ausgeht, dass die Homosexualität eine sexuelle Veranlagung ist, deren Veränderung man so gut wie ausschließen kann. Wenn dann noch dazu gedichtet wird, dass Homosexuelle ohnehin nicht beziehungsfähig seien und mit ihrer Sexualität nicht umgehen könnten, dann entspricht das einfach nicht der Wirklichkeit. Natürlich gibt es Homosexuelle, die nicht beziehungsfähig sind. Das trifft aber in gleicher Weise auf Heterosexuelle zu.

Ehelosigkeit und Homosexualität

Im Zuge der sog. Missbrauchsdebatten wurde immer wieder die Frage gestellt, ob es einen Zusammenhang gibt zwischen Missbrauch und Ehelosigkeit der Priester (Zölibat). Dazu ist eindeutig festzuhalten: Eine direkte Verbindung in dem Sinne, dass der Zölibat die Ursache dafür ist, lässt sich nicht nachweisen. Wer pädophil veranlagt ist und seine Veranlagung ausleben möchte, den schützt weder der Zölibat noch die Ehe davor, es zu tun.[51]

Bei dieser Frage geht es in erster Linie darum, ob die Kandidaten, die zum Priesteramt zugelassen werden, in der Lage sind, die Lebensform des Zölibats verantwortungsvoll und lebensbejahend zu führen. Sie setzt Reife und Charisma voraus. Beides ist vielen so nicht gegeben – sodass nur ein eingeschränkter Kreis von Männern dafür in Frage kommt. Doch ist das tatsächlich die Lösung? Würde man die zwangsläufige Koppelung von Priesteramt und Zölibat aufgeben, hätte das zur Folge, dass der Kreis der Interessenten für das Priesteramt sich vergrößert – wenn auch sicher in überschaubarem Maß. Aber auch die Gruppe derer, die sich mit ihrer Sexualität auseinandergesetzt haben, dürfte dann größer sein – und der Anteil derer, die sich aus fragwürdigen Gründen für den zölibatären Weg entscheiden, kleiner.

Von einer Priesterschaft, die zölibatäre und verheiratete Priester vereint, ginge m. E. eine positive Wirkung aus, weil dann der ganze Bereich der Intimität viel selbstverständlicher innerhalb der Priesterschaft präsent wäre, und weil damit ein eindeutiges Ja zur Sexualität zum Ausdruck käme. Will die Kirche die schwere Krise nach dem Missbrauchsskandal wirklich für sich fruchtbar machen, dann muss sie die Sexualität – auch die Sexualität in ihren eigenen Reihen – aus der Dunkelkammer herausholen, wo sie oft ein unwürdiges Leben fristet. Dann kann sie sich auch im kirchlichen Bereich entfalten und als wunderbares Geschenk Gottes gewürdigt und erfahren werden.

Homosexuelle Priester, das sagt zum Beispiel Wunibald Müller, der ehemalige Leiter des Recollectio-Hauses in Münsterschwarzach, einer zentralen Therapieeinrichtung der Kirche, sind aber auch die „besten Priester", weil sie mit ihren speziellen Begabungen, mit ihrer ausgeprägten Kreativität und Sensibilität hervorragend für die Seelsorge geeignet sind. Die Kirche müsse ihre homosexuellen Priester und Ordensleute nicht verstecken.[52] Wörtlich formuliert er: „Ein homosexuell empfindender Mann, der sich ernsthaft mit seiner Sexualität auseinandergesetzt hat, der seine Sexualität angenommen hat und alle Voraussetzungen erfüllt, die auch ein

heterosexueller Mann als Voraussetzung zum Priestertum erfüllen muss, kann zum Priester geweiht werden. Würde die Kirche auf die homosexuellen Männer verzichten, die bereits jetzt als homosexuelle Priester treu ihren Dienst tun, oder würde sie in Zukunft keine homosexuellen Priesteramtskandidaten, die die genannten Voraussetzungen erfüllen, für die Priesterweihe zulassen, würde das einen großen Verlust für die Kirche darstellen."[53]

Schweigen einerseits und neurotische, wohl von Homophobie geprägte Überreaktionen andererseits sind aber nur zwei Seiten einer Medaille. Die Kirchenleitung tut immer noch alles, um das Thema Homosexualität offiziell auszuklammern. Mit Bedacht – denn „schwule Priester" sind ein Schlüsselthema, das ein Schlaglicht auf fast alle Defizite der katholischen Kirche wirft. Damit ist sicher auch die Frage nach der Doppelmoral angesprochen, das stets aufgeschobene Problem des Pflichtzölibats, aber auch Fragen der „inneren Führung" und der meist verkommenen Streitkultur können plötzlich aufbrechen.

Gleichzeitig wächst der Problemdruck so rasch, dass die Bischöfe das Thema Homosexualität und die damit verbundenen Fragen – bis hin zur Frage der Segnung von gleichgeschlechtlichen Paaren – nicht länger ausklammern können. Mit Überlegungen aus dem

Vatikan, Homosexualität sei abwegig und unmoralisch (Kardinal Leo Burke, Kardinal Tarcisio Bertone), finden katholische Bischöfe nicht einmal mehr bei konservativen Gläubigen Gehör. Auch mit der abstrusen Eingebung einiger (weniger) Zeitgenossen – zu ihnen gehört der frühere Salzburger Weihbischof Andreas Laun –, homosexuelle Priester könnten mit viel Mühe umerzogen und therapiert werden, kann heute kein Bischof mehr vor einer aufgeklärten Christengemeinde bestehen.

Wovor haben wir Angst? – Ein Ausblick

Ich sehne den Tag herbei, an dem homosexuelle Menschen keine Angst mehr haben müssen, in unserer Kirche keinen Platz, keine Heimat zu finden. Ich werde nie vergessen, wie ein älteres schwules Paar, Gerd und Helmut, – seit mehr als 25 Jahren leben sie als Paar zusammen –, zu mir kam und das Gespräch suchte. Ich war noch nicht lange da, im Katholischen Forum in Dortmund, einer Einrichtung des Erzbistums Paderborn „für Menschen auf der Suche", wie es heißt. Beide berichteten von ihrer christlichen Prägung, von ihrem Glauben an einen Gott, der alle Menschen liebt, so wie sie sind, wie er sie gemacht hat. Und sie erzählten mir von ihrer Sehnsucht, endlich einen Platz, eine Heimat zu finden in der Kirche. „Könnte vielleicht das Katholische Forum diese Heimat werden?", so fragten sie. Das war der Anfang. Es folgten eine ganze Reihe solcher Gespräche. Schließlich kam uns die Idee, für schwule und lesbische Menschen regelmäßig ökumenische Gottesdienste anzubieten und anschließend zu einem Offenen Treff einzuladen, wo sich homosexuelle Frauen und Männer mit einer ähnlichen Sehnsucht austauschen können und wo man sich in seinem Wunsch, als schwule und lesbische Christen in der Kirche zu leben, gegenseitig bestärkt.

Ich sehne aber auch den Tag herbei, wo wir als Seelsorger, als Priester und Bischöfe in der Kirche keine Angst mehr haben müssen, für homosexuelle Menschen da zu sein und sie seelsorglich zu begleiten, ja – wo wir ihnen den Segen und das Heil Gottes zusagen dürfen, ohne Angst haben zu müssen, selber sanktioniert, beschimpft und ausgegrenzt zu werden. Noch viel zu oft bekommen wir von Mitchristen zu hören: „Ihr seid nicht mehr katholisch!" – Wirklich? Ist das so?

Wie gastfreundlich, offen und stark wäre unsere katholische Kirche, wenn sie jeden schwulen und lesbischen Mitmenschen in ihrer Mitte akzeptieren und integrieren würde? Und wie anstrengend muss es sein, wenn man sich als homosexueller Mensch ständig zu verstecken versucht, wenn man schauspielern muss. Die psychologische, emotionale und spirituelle Energie, die man dazu braucht, könnte man gut für seinen Beruf, für die Beziehungen, für seinen Auftrag in dieser Welt verwenden.

Am 26. Juni 2016 befand sich Papst Franziskus auf dem Rückflug von Armenien nach Rom. Er drängte die Kirche und andere christliche Gemeinschaften, sich bei der LGBT-Gemeinschaft (Lesbian/Gay/Bisexual/ Transgender) zu entschuldigen, weil sie im Lauf der Jahrhunderte permanent angegriffen worden ist. „Ich glaube, dass die Kirche nicht nur um Entschuldigung bitten muss … gegenüber jener Person, die homosexuell ist, die sie beleidigt hat, sondern dass sie sich auch bei den Armen und bei den im Arbeitsleben ausgebeuteten Frauen und Kindern entschuldigen muss."[54] Papst Franziskus stellte außerdem klar: „ … und wenn ich Kirche sage, meine ich die Christen; die Kirche ist heilig, aber die Sünder sind wir!"[55]

Das größte Unrecht am Leben homosexueller Menschen wäre es, wenn die Kirche sie ihrer Hoffnung nach einer christlich-kirchlichen Heimat, in der sie sein und leben dürfen, wie sie sind, berauben würde. Ich meine, dass wir als Kirche immer noch hier und da homosexuelle Brüder und Schwestern dieser Hoffnung berauben. Und ich glaube, dieser Diebstahl ist noch größer, wenn die Kirche Menschen zurückstößt, wenn sie ihnen nicht zuhört, wenn sie für die Art und Weise verachtet werden, in der sie geboren wurden. Diese Zurückweisung ist ein Versagen der Kirche, der Christen. Wir schauen immer noch weg und tun nicht genug, um der Diskriminierung Einhalt zu gebieten. Es geht darum, den Menschen ins Gesicht schauen. Als Seelsorgerinnen und Seelsorger haben wir darauf zu schauen: Was glauben die Menschen, wessen bedürfen sie, was erbitten sie? Und dann müssen wir Entscheidungen treffen. Dazu braucht es eine kirchliche Ordnung, die den Rahmen vorgibt. Die Segnung eines homosexuellen Paares darf nicht allein meinem persönlichen Wohlwollen entspringen. Sie muss ein kirchlicher Dienst sein.

Wir können damit nicht warten, bis wir die Letzten aus der Kirche hinausgetrieben haben, diejenigen, die an unserer Hartherzigkeit leiden. Es grenzt an ein Wunder, dass es immer noch homosexuelle Menschen gibt, die es mit uns in der Kirche aushalten, die nicht einfach austreten. Sie wünschen sich immer noch, dass wir ihnen entgegenkommen. Da steht nicht unbedingt die Sehnsucht nach der Kirche im Vordergrund, wohl aber zutiefst die Sehnsucht nach Gott.[56]

Epilog –

Gesichter der Liebe

In den dreißiger Jahren des letzten Jahrhunderts sang die große Zarah Leander: „Kann denn Liebe Sünde sein? Darf es niemand wissen, wenn man sich küsst, wenn man einmal alles vergisst – vor Glück? Kann das wirklich Sünde sein?"

Heute finden wir diesen Text ganz niedlich. Damals aber gab es Menschen, die einem die Liebe vermiesen wollten. Das kommt im Lied von Zarah Leander ebenfalls zum Ausdruck, wenn sie singt: „Jeder kleine Spießer macht das Leben mir zur Qual, denn er spricht nur immer von Moral! Und was er auch denkt und tut, man sieht's ihm leider an, dass er niemand glücklich sehen kann. Sagt er dann: Zu meiner Zeit gab es so was nicht! Frag´ ich voll Bescheidenheit mit lächelndem Gesicht: Kann denn Liebe Sünde sein ..."

Heute sind die Spießer, von denen Zarah Leander singt, fast ausgestorben. Die sexuelle Revolution hat die meisten bekehrt. War man früher eher zu verklemmt, ist heute vieles ins Gegenteil umgeschlagen. Mit dem Thema Sexualität gehen wir heute offen bis schamlos um. Und die Kirche ist dabei ebenfalls von einem Extrem ins andere gegangen. Früher haben die Pfarrer von der Kanzel regelmäßig unter der Bettdecke der Gläubigen gewühlt, heute sagen sie dazu gar nichts mehr. Wir reden in der Kirche zwar viel über Liebe im Allgemeinen. Aber über die Liebe zwischen

Menschen mit Leib und Seele, da schweigen die redlichen Prediger lieber.

Keine Frage: Die Vergangenheit ist belastet, weil die Kirche das sexuelle Leben der Menschen zu sehr hat regulieren wollen. Und unsere Zeit ist von neuem belastet – durch viele Verfehlungen und Verbrechen, die vonseiten der Kirche selbst begangen wurden, Stichwort „Sexuelle Gewalt". Daran leidet die Kirche bis heute und deshalb tut sie sich so schwer, als Gesprächspartner in Fragen von Liebe und Sexualität überhaupt ernst genommen zu werden. Dennoch: Es ist schade, dass sich die Kirche in dieser Frage so sehr von den Menschen entfremdet hat. Schließlich gibt es keinen Lebensbereich, in dem Gott nicht „seine Finger im Spiel" hat. Und welche Kräfte im Menschen haben eine ähnliche Macht, dass sie uns so stark bestimmen könnten wie die Liebe und die Sexualität? Diese Lebenskräfte sind uns von Gott geschenkt.

Liebe erfährt man unmittelbar nur in der konkreten Liebe, das heißt: wenn ich jemanden wirklich liebe – mit Leib und Seele. Durch die Liebe wird das Göttliche berührt und wenn ich einen anderen Menschen in der Liebe verletze, wird das Göttliche verletzt. In diesem Sinne kann Liebe – davon bin ich überzeugt – durchaus auch heute Sünde sein. Wenn wir die Liebe ernst nehmen, erkennen wir, dass wir leider Gottes in ihrem

Namen auch aneinander schuldig werden. Deshalb: Gehen wir mit unserer Lebenskraft, mit der Kraft zu lieben und Liebe zu schenken, liebevoll um!

Genau das hat auch Zarah Leander gemeint, wenn sie am Ende ihres Liedes singt: „Liebe kann nicht Sünde sein, doch wenn sie es wär', dann wär's mir egal – lieber will ich sündigen mal, als ohne Liebe sein!" Ja, vielleicht sollten wir es einfach so versuchen, wie sie es vorschlägt: ruhig einmal sündigen, aber bitte niemals ohne Liebe sein!

Anhang

Fußnoten

[1] In Beziehung leben, Gesprächsforum zu Jugend, Sexualität und Kirche, Meschede 1998

[2] Vgl. In Beziehung leben, S. 11-13

[3] Brief der Jugendkommission der Deutschen Bischofskonferenz an die Verantwortlichen in der kirchlichen Jugendarbeit zu einigen Fragen der Sexualität und der Sexualpädagogik, Hrsg. Sekretariat der Deutschen Bischofskonferenz, Arbeitshilfen Nr. 148, September 1999

[4] Vgl. Brief der Jugendkommission, S. 9 ff.

[5] Vgl. Brief der Jugendkommission, S. 13 f.

[6] Vgl. In Beziehung leben, S. 19 ff.

[7] Die Aussagen über die alttestamentlichen Texte gründen auf: Gerhard von Rad, Das erste Buch Mose (ATD, Göttingen 1961) und Claus Westermann, Genesis (Biblischer Kommentar Altes Testament, Kapitel 1-11, 1974)

[8] Silvia Schroer/Thomas Staubli, Saul David und Jonathan – eine Dreiecksgeschichte? Ein Beitrag zum Thema „Homosexualität im Ersten Testament", in Bibel und Kirche, Nr. 51 (1996), S. 15-22 Herbert Haag/Katharina Elliger, Stört nicht die Liebe. Die Diskriminierung der Sexualität – ein Verrat an der Bibel, Olten, 2. Aufl. 1986

[9] Günther Bornkamm, Paulus, Urban-Taschenbücher, Kohlhammer, 7. Aufl. 1999

[10] Günther Bornkamm, a.a.O.

[11] Gerhard von Rad, Claus Westermann, a.a.O.

[12] Vgl. Hans-Georg Wiedemann, Homosexuell, Kreuz-Verlag, Stuttgart 2005, S. 92-109

[13] Vgl. ZEIT ONLINE vom 14. April 2010, Kardinal Bertone erzürnt Homosexuelle

[14] Hirtenbrief an die Katholiken Irlands vom 19. März 2010, Copyright 2010 - Libreria Editrice Vaticana

[15] Vgl. Benedikt XVI., Predigt zum Abschluss des Priesterjahres am 11. Juni 2010, www.dbk-priesterjahr.de

[16] Vgl. Süddeutsche Zeitung, sz.de, 9. Januar 2013, 8000 Gespräche, 400 Online-Beratungen, 1200 Anträge auf Entschädigung

[17] Vgl. In Beziehung leben, S. 14-17

[18] Frankfurter Allgemeine Zeitung vom 31.07.2005, Wir müssen markanter sein, Kardinal Lehmann im Interview

[19] Kölner Stadtanzeiger vom 24.08.2005, Interview mit Kardinal Meisner

[20] Gen 1, 31 (Einheitsübersetzung)

[21] Straczek Krystyna, Knotz Ksawery, Seks jest boski czyli erotyka katolika, Paperback 2010.

[22] Knotz Ksawery, Sexo como Dios manda, Lumen, 2010.

[23] Johannes Röser, Die Ehe ist kein Allerlei, Christ in der Gegenwart (CIG online), 07.07.2013

[24] Johannes Röser, a.a.O.

[25] Kongregation für die Glaubenslehre, Schreiben an die Bischöfe der katholischen Kirche über den Kommunionempfang von wiederverheirateten geschiedenen Gläubigen, 14. September 1994

[26] Apostolisches Schreiben Familiaris consortio, 84: AAS 74 (1982) 186; vgl. Johannes Paul II., Homilie zum Abschluss der VI. Bischofssynode, 7: AAS 72 (1980) 1082

[27] Vgl. auch: Katechismus der Katholischen Kirche, R. Oldenbourg Verlag München, Libreria Editrice Vaticana 1993, Nr. 1650

[28] Vgl. Amoris laetitia, Nachsynodales apostolisches Schreiben an die Bischöfe, die Priester und Diakone, die Personen geweihten Lebens und die christlichen Eheleute vom 19. März 2016, siehe vor allem Nr. 305 und die Fußnote Nr. 351

[29] Vgl. Katechismus der Katholischen Kirche, a.a.O., Nr. 2353.

[30] Vgl. Gemeinsame Synode der Bistümer in der Bundesrepublik Deutschland, Beschlüsse der Vollversammlung, Herder, Freiburg 1976, Nr. 3.1.3.4, S. 442

[31] Diözesan-Synode Hildesheim 1989/1990. Kirche und Gemeinde. Gemeinschaft mit Gott. Miteinander für die Welt, Bernward-Verlag 1990

[32] Vgl. Werner Tzscheetzsch, Siegfried Modenbach, Überlegungen zu Homosexualität und Kirche, Thesen zum pastoralen Handeln, Freiburg i. Br., 2002

[33] Zitiert nach: Publik Forum, Dreieinigkeit unter Lesben und Schwulen, Peter Bürger, Nr. 16 vom 29.08.2003

[34] Vgl. Wiener Zeitung, Die Zeit des Vertuschens ist vorbei, Kardinal Schönborn zu den Missbrauchsfällen, 28.04.2010

[35] Paul Kirchhof war von 1987 bis 1999 Richter des Bundesverfassungsgerichts und z. Zt. Professor für öffentliches Recht und Steuerrecht an der Universität Heidelberg.

[36] Vgl. Kirchenrecht von 1917, can. 1012 und can. 1013

[37] Zweites Vatikanisches Konzil, Gaudium et spes, Nr. 47

[38] Vgl. Kirchenrecht von 1983, can. 1055

[39] Gaudium et spes, Nr. 48

[40] Vgl. Kirchenrecht von 1983, can. 1084 § 3

[41] Zweites Vatikanisches Konzil, Dei Verbum, Nr. 12

[42] Stephan Goertz, Preist das Glück, Brüder! – in: Christ und Welt Nr. 4 vom 18. Januar 2018

[43] Erzbischof Heiner Koch, Pressemeldung zur Entscheidung im Deutschen Bundestag für die „Ehe für alle", Deutsche Bischofskonferenz, 30. Juni 2017

[44] Vgl. Herder Korrespondenz Nr. 1/2018, Gott denkt größer, Gespräch mit dem DBK-Vorsitzenden Kardinal Reinhard Marx, S. 19

[45] Erzbischof Reinhard Marx, Segnung homosexueller Paare ist möglich, Interview mit dem Bayrischen Rundfunk vom 03. Februar 2018

[46] Bischof Franz-Josef Bode, Osnabrücker Bischof Bode: Segnung gleichgeschlechtlicher Paare?, Interview mit der Neuen Osnabrücker Zeitung vom 10. Januar 2018

[47] Benedikt Kranemann, Theologe: Darum braucht es den Segen für Homosexuelle, Interview bei katholisch.de vom 13.01.2018

[48] Benediktionale, Pastorale Einführung, Nr. 1

[49] Kongregation für den Klerus, Das Geschenk der Berufung zum Priestertum, Ratio Fundamentalis Institutionis Sacerdotalis, Vatikanstadt 8. Dezember 2016

[50] Vgl. Frankfurter Rundschau, Das geheime Leben der Priester, FR.de vom 20.06.2013

[51] Vgl. Matthias Kamann, Nicht der Zölibat ist schuld am Kindesmissbrauch, welt.de vom 03.02.2010

[52] Vgl. Wunibald Müller, Verschwiegene Wunden, Sexuellen Missbrauch in der katholischen Kirche erkennen und verhindern, Kösel-Verlag 2010, 5. Kapitel

[53] Wunibald Müller, a.a.O.

[54] Vgl. Pressekonferenz des Heiligen Vaters auf dem Rückflug nach Armenien, 26. Juni 2016, Libreria Editrice Vaticana

[55] Vgl. Pressekonferenz, a.a.O.

[56] Vgl. Interview mit Stadtdekan Johannes zu Eltz, Katholischer Stadtdekan fordert Segensfeier für Homo-Paare, www.hessenschau.de vom 24.01.2018

Bildnachweis

S. 16: ivanovgood / pixabay

S. 19: hankelo / pixabay

S. 25: freestocks-photos / pixabay

S. 33: pixabay

S. 37, S. 80: dpa

S. 42: wikicommons

S. 49: Robfoto / pixabay

S. 55: marsj / photocase

S. 58: andibreit / pixabay

S. 65: tannjuska / photocase

S. 69: stocksnapper / photocase

S. 75: JamesDeMers / pixabay

S. 84: maura24 / pixabay

S. 89: Free-Photos / pixabay

S. 96: geralt / pixabay

S. 101: empokmaren / pixabay

S. 106: nuzree / pixabay

S. 111: CFALK / pixelio

S. 117: realworkhard / pixabay

S. 121: Foto Rabe / pixabay